秦淮文化新创坊

主 编

◎ 袁 塞

副主编

◎ 江凌昊 马超群 马 伟

参编人员（按姓氏笔画排序）

◎ 王 杨 王 玥 卢海玲

李伟海 李思娴 杨 倩

张 颖 陈 姝 娄力云

南京出版传媒集团 南京出版社

图书在版编目（CIP）数据

秦淮文化新创坊 / 袁塞主编 ; 江凌昊, 马超群, 马伟副主编. -- 南京 : 南京出版社, 2024
ISBN 978-7-5533-4631-1

Ⅰ. ①秦… Ⅱ. ①袁… ②江… ③马… ④马… Ⅲ. ①手工业史－南京 Ⅳ. ①F426.899

中国国家版本馆CIP数据核字(2024)第030597号

书　　名：秦淮文化新创坊
编　　者：袁　塞　　江凌昊　　马超群　　马　伟
出版发行：南京出版传媒集团
　　　　　南　京　出　版　社
　　社址：南京市太平门街53号　　　邮编：210016
　　网址：http://www.njcbs.cn　　　电子信箱：njcbs1988@163.com
　　联系电话：025-83283893、83283864（营销）　025-83112257（编务）

出 版 人：项晓宁
出 品 人：卢海鸣
责任编辑：翟聪睿
装帧设计：俞　朋
责任印制：杨福彬

印　　刷：南京大贺开心印商务印刷有限公司
开　　本：787毫米×1092毫米　1/16
印　　张：7
字　　数：77千
版　　次：2024年8月第1版
印　　次：2024年8月第1次印刷
书　　号：ISBN 978-7-5533-4631-1
定　　价：36.00元

用微信或京东APP扫码购书

用淘宝APP扫码购书

前言

十里秦淮气韵浩荡，金陵文脉根深叶茂。在秦淮河道环抱下的“老城南”是历史最为悠久的居民区和商业区，脍炙人口的颜料坊、踹布坊、细柳坊、锦绣坊、豆腐坊、铜作坊等“金陵十八坊”就产生于此。

明朝建立之初，明太祖朱元璋定都南京，为繁荣手工业生产，提供军需民用产品，从全国调集各类手工业匠户。朝廷对这些大规模迁移来的约二十万工匠，实施集中管理，按照里坊制度安置在十八个工匠居住区，形成了庞大的手工业作坊群。

坐落于秦淮河畔夫子庙旁的南京市考棚小学，白墙灰瓦马头墙的教学楼，在绿树繁花的掩映间，散发着一种内蕴之美。“秦淮文化新创坊”课程定位于宏大的文化坐标，让课堂始终置于文化的轴线上，通过“寻文化根”“探行当门”“习传统技”“思未来梦”等模块的研学，把握历史、回应现实、面向未来，让学生的成长根植于源远流长的“金陵十八坊”文化境脉，在手艺劳作中启发心智、激发灵感、开拓思维，唤醒潜藏在学生心中的生命活力，让学生在时代洪流的激荡中绽放出更加饱满、持续、健康的精神能量和实践能量。

本书共十篇，介绍金陵十八坊中的十坊，每篇分五个版块。通过“寻文化根”版块，唤醒“秦淮记忆”，抒发莘莘学子的家国情怀，彰显对秦淮神韵、华夏艺术、中国气派的无限追求；通过“探行当门”版块，让学生深刻认识到中国古代手艺人在千百年的传承与创新中如何以实际行动诠释敬业精神，激发学生对传统手工艺的敬畏之情，培养敏锐的观察力和全面的构想能力；通过“习传统技”版块，让学生借由模仿古代工匠劳作的简单实践，亲身体会中国古代匠人的工匠精神，培养实际操作和动手能力，希冀手艺能够以新的形式重新融入日常生活；通过“思未来梦”版块，让学生正确理解历史文化，让秦淮之史、秦淮之志、秦淮之美以新的面貌与形式重回人们的生活，引发一种深远的社会共鸣，让优秀历史文化成为城市现代化发展的组成部分；通过“拾古今趣”版块，让学生在回溯历史中发现有趣的人物和故事，了解更多相关历史背景，领悟时代发展过程中的变与不变。

穿梭于街头巷尾，有说不完的六朝典故，道不尽的城南旧事。学生们用一件件手工艺作品溯源过去，记录现在，展望未来，感知历史温度，领略人文意蕴，用自己的方式讲述“秦淮故事”，唱响“秦淮有戏”，在这场丰富多彩的社会实践活动中，感悟着艺术世界的个性、趣味和灵性。

目录

01

老南京的机杼——锦绣坊

《白下琐言》载："南唐御街（即今中华路）在天津桥（今内桥）南，直对镇淮桥，至南门台省相列，夹以深渠，东西有锦绣坊。"

寻文化根

锦绣坊，位于南京市秦淮区中华路中段东侧，东至旧王府，西接府西街，是古代专门制造布匹绸缎的作坊所在，著名的南京云锦也曾在这里生产制造。

东晋末年，南朝的刘裕将长安（今西安）的大量工匠迁到国都建康（今南京），其中有很多织锦工匠，他们将北方先进的丝织技术带到了南京，从此以后，南京的丝织业进入新的发展阶段。在这一时期，

"云锦"一词于六朝时期出现，南朝文献《殷芸小说》云："天河之东有织女，天帝之子也，年年机杼劳役，织成云锦天衣。"西晋木华《海赋》、东晋葛玄《汉武帝内传》等文献中亦有"云锦"之词出现，且专指绫罗织锦。

古代云锦残片

江宁织造府复原模型

统治者还在南京设立了一个专门管理织锦的部门——锦署，标志着南京云锦正式诞生。

宋元两代，南京的丝织业进一步扩大，在整个南京城的街头巷尾，都能见到专门用于织锦的"机房"。进入明代，南京锦绣坊迎来了辉煌的发展时期。因为织锦匠人们不断创新，南京的织锦工艺逐渐成熟和完善。明太祖朱元璋对南京丝织业的繁荣大加赞赏，特意在此地设立了织锦局，专门负责皇家织锦的制造和监管。经过明代发展，南京的丝织业在清代进入鼎盛时期，清政府在南京设置了江宁织造府，其遗址就在今天的大行宫附近。我们熟悉的《红楼梦》作者曹雪芹，他的祖父曹寅，就曾掌管江宁织造府20余年。清代南京的织造业，发展到了巅峰，曾有三万多台云锦织机，30多万人以此为生，而当时南京的人口也就在90万左右。云锦成为南京当时的支柱产业，南京也有了"秣陵之民善织"的美誉。

正因为南京发达的丝织业，在织锦工匠们聚居的南京城南，至今仍保留着锦绣坊、织锦坊、仙鹤街、红花地、颜料坊、踹布坊、晒布厂等与云锦息息相关的老地名，其中以锦绣坊最为特别。据考证，锦绣坊原来分为东锦绣坊和西锦绣坊，自南唐开始，就是织锦匠人们居住的地方，直至清末民国初，此处仍有大量的居民从事丝织业。随着清王朝的覆灭，绸缎不再作为官吏服饰用布，兴盛一时的云锦业大为衰落。锦绣坊的织锦工匠们也纷纷改行，但是锦绣坊的地名却被保留下来。据说，现在的锦绣坊就是宋、元时期“东锦绣坊”的原址，可以说一条锦绣坊，见证了南京织锦业的千年兴衰。

探行当门

南京云锦因为所用布料讲究，色泽绚丽灿烂，美如天上云霞，故称“云锦”。它的图案精美、锦纹瑰丽、格调高雅，与蜀锦、宋锦、壮锦齐名，并称“中华四大名锦”。锦绣坊匠人的主要工作就是织造南京云锦。

南京云锦

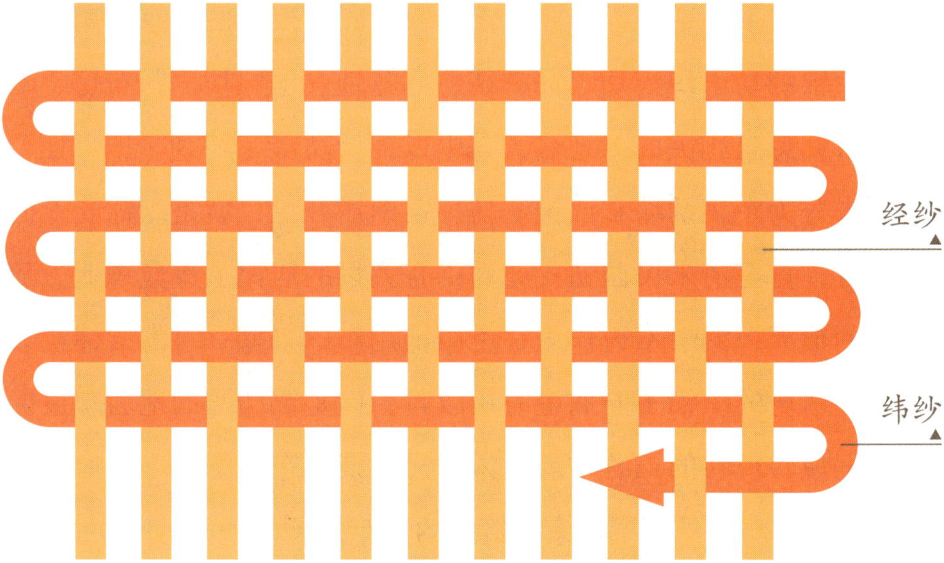

织锦丝线排列图

古人织造布匹需要使用织布机，将纱线或者丝线纵横交错地编织起来，在织造的过程中，纵向的线叫作经纱，横向的线叫作纬纱。南京织锦匠人在千年传承中，掌握了一种独特的织造工艺。他们在织锦时将经丝和纬丝巧妙交错，使织造好的锦缎表面形成固定的凹凸花纹，这样的丝织品叫作丝织提花锦缎。丝织提花锦缎的花纹是织上去的，要比印染的花纹更牢固，织造工艺的要求更精细，这也是南京云锦名扬海内外的特色之一。

织造云锦的操作难度和技术要求都很高，需要由“拽花工”和“织手”两位工匠相互配合，使用专门的大花楼织机进行。织制云锦时，拽花工坐在织机上层，他们需要根据图案的设计，精确地控制经线的升降，以保证织出的图案清晰完整；织手坐在机下，负责织纬、妆金敷彩，他们要熟练地操作织机，将彩色丝线织入经线之中，使得图案丰富多彩。

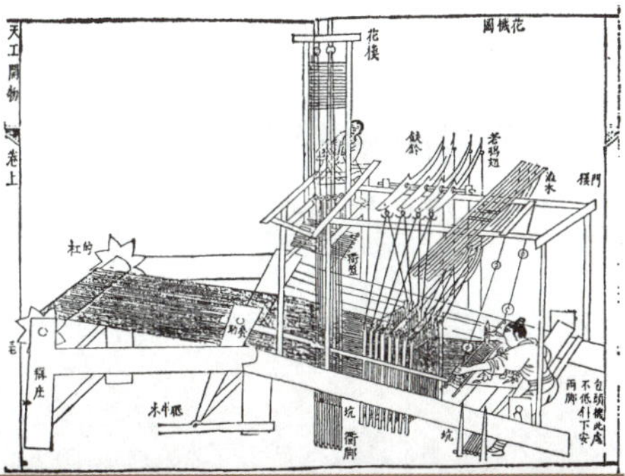

织机

大花楼织机是中国古代织造技术的最高成就，它比普通织机多一个束综提花装置，因其形状似高楼而得名。大花楼织机是我国古代束综提花机中，最复杂、最奇特的织造工具。现在云锦的织造就是使用大花楼织机来完成。南京云锦木机妆花手工织造技艺代表了中国古老织锦技艺的最高水平，于 2006 年入选首批国家级非物质文化遗产代表性项目名录。2009 年 9 月，南京云锦织造技艺成功入选联合国人类非物质文化遗产代表作名录。

两个熟练的工匠一天只能生产 5—6 厘米的云锦，要完成一件锦衣通常需要 2—3 年的时间。云锦中复杂的妆花工艺至今仍然无法用机器替代，故而有“寸锦寸金”之说。

南京织造云锦的工匠们，虽手握巧夺天工的技艺，但生活却颇为艰辛。他们为世人织出绫罗锦缎的华美篇章，自己的生活却如暗夜中的微光，闪烁不定。“三更起来摇纬，五点爬进机坑；寒冬不能烘火，炎夏不能乘凉；整天弯腰驼背，连夜抛梭过管；织的花素锦缎，穿的破衣褴衫。”这首流传在工匠间的歌谣便是他们生活工作的真实写照。云锦工匠的工资很微薄，每年端午节后织锦行业转入淡季，很多工匠失业，只能靠做些小生意维持生活，或者当苦力混口饭吃。

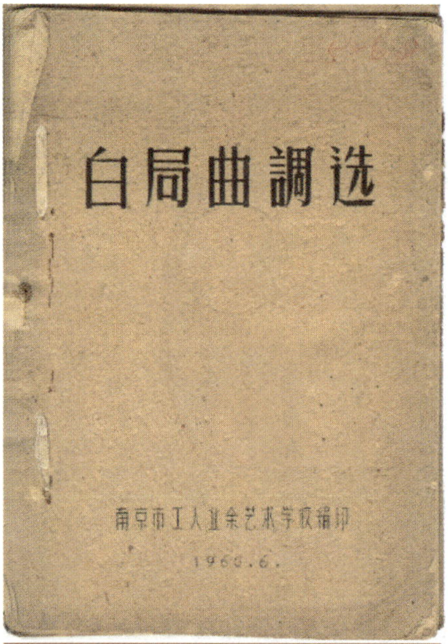

南京白局老唱本

恶劣的环境，繁重的劳作，收入微薄且不稳定的工作，并没有压垮工匠们，他们在织锦过程中苦中作乐，相互赛歌、即兴创作顺口溜，边操作，边说唱，以便松弛自己紧张的情绪，缓解疲劳，抒发情怀，渐渐形成了南京的另一个非物质文化遗产——白局。白局是派生于云锦生产过程的一种说唱艺术，其演唱内容充满了对云锦织工生产、生活的生动描述，譬如《云锦诀》《机房苦》《采芦篙》等。因此，南京白局又被称为“盛开于云锦之上的曲艺之花”。

习传统技

古代织布机的工作原理其实非常简单。它主要由经线和纬线两个系统组成。经线是固定不动的，而纬线则会在织布梭的来回穿梭中穿过经线。纬线在穿梭时，会按照一定的规律与经线相互交错，从而编织出所需的布料。在织布机的操作过程中，工人需要根据布料的纹理和图案要求，通过调整经纬线的交织方式，来控制布料的质地和外观。

如今，因灿若云霞而得名的南京云锦，作为中国传统织造技艺的经典，依然为民众所喜爱。今天我们就利用简易的儿童织布机，运用经纬线编织工艺，一起来制作一块迷你挂毯吧！

锦绣坊场景

技艺材料

材料工具	数量
儿童织布机	1台
毛线	3卷
剪刀	1把

技艺步骤

1. 把绕有毛线的梭子从一端穿过白色经线，确保末尾留出一定长度的毛线。

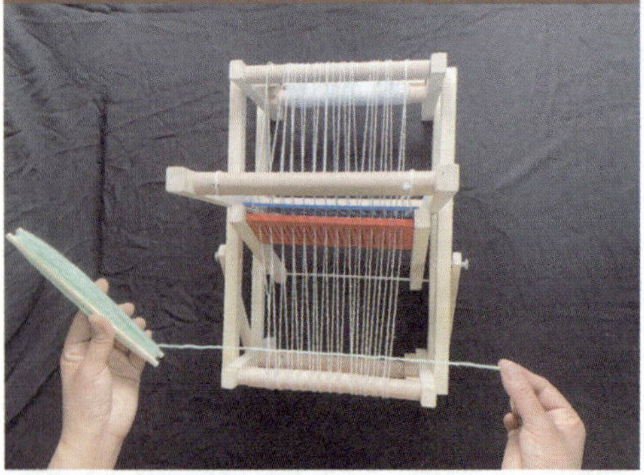

2. 转动线轴控制器，以交换上行和下行的白色经线。

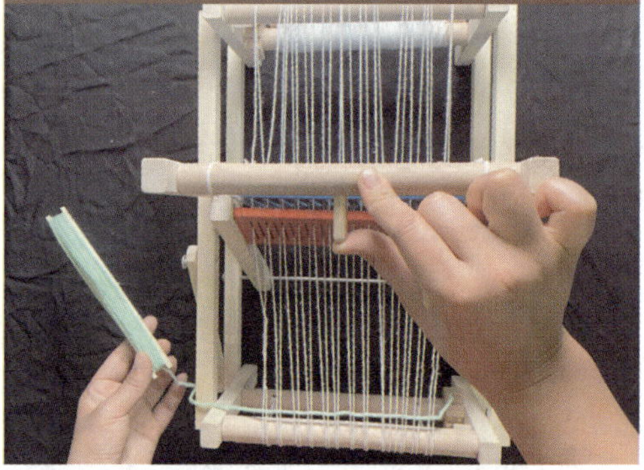

3. 把梭子从另一端再次穿过白色的经线。

4. 移动红色梳理板，让线靠近彼此。

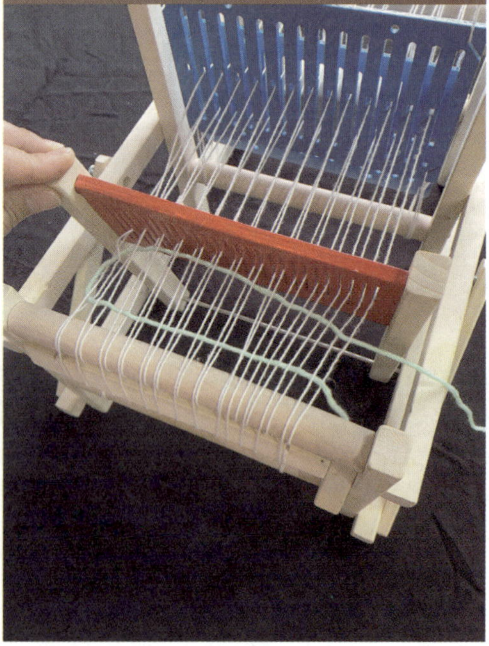

5. 重复上述穿、移、转的步骤，也可根据需要更换毛线颜色。完成编织后，将白色经线剪下。

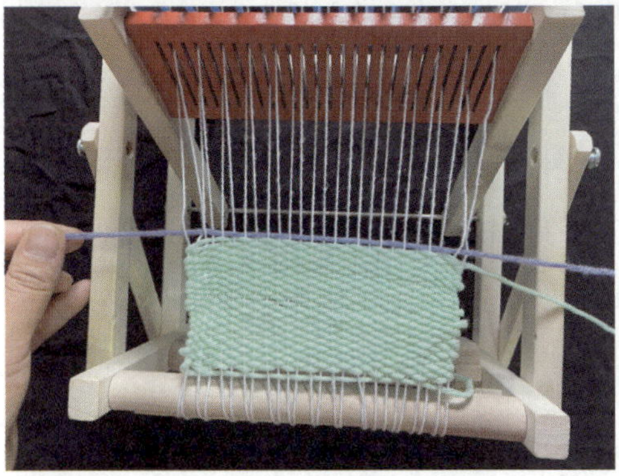

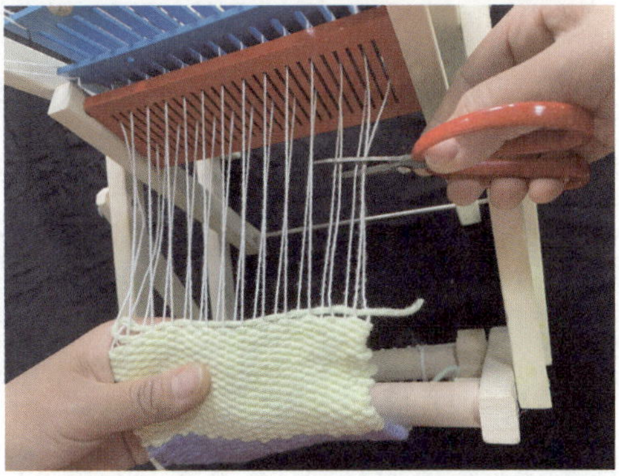

6. 将相邻的白色经线打结收尾，以免脱出。

完成的作品。

小贴士

1. 制作过程中要让白色经线拉紧，这样梭子容易穿出，作品疏密均匀。

2. 完成作品后，注意将线头收紧，让挂毯更美观。

3. 使用剪刀时，注意安全。

思未来梦

辛亥革命以后，兴盛一时的南京云锦业开始衰落。云锦匠人们也尝试着用云锦的工艺制作椅垫、钱包、手袋等实用品和装饰品进行销售，可惜由于各种各样的原因，最终也未能再现辉煌，至新中国成立前夕，南京云锦业已奄奄一息。全行业中仅有位于绒庄街的中兴源丝织厂的四台织机还在勉强维持生产。

新中国成立以来，国家一直十分重视云锦工艺的保护与传承。特别是南京云锦研究所成立以后，几代传承人搜集整理纹样画稿，培训艺徒，抢救濒临失传的工艺绝技，使云锦获得了新生，为云锦的传承和发展做出了杰出的贡献。

如今，云锦的织造还保持着传统的特色和独特的技艺，这种使用传统提花织造机，靠人工记忆编织的传统手工织造技艺仍无法用现代机器来替代。

云锦文创产品

云锦的传承至关重要。当然，“有创新才能传承”，要将新时代元素融入云锦纹样，让云锦以全新面貌融入百姓生活。为了实现传统云锦与新时代的结合，现代设计师们还将云锦纹样元素与书签、杯垫、包包、丝巾、胸针等小物品结合，设计出小而精美的文创产品，作为云锦文创的创新尝试。

云锦文创产品

一块小小的织物，记录着故事的起承转合，沉淀着千年的丝绸文化，“它于旧时光行来，披一肩风雨，而今现虹彩”。万世灿烂的云锦曾历经辉煌、衰落、遗失，如今它又在现代手工艺人的手中重塑、传承与发扬。让我们用匠心与智慧续写璀璨锦歌。

拾古今趣

云锦的图案

云锦图案往往利用象征和谐音，将各类元素组合成含有特定寓意的图案，使其在视觉美感之外，更具有深层次的思想内涵。常见的有长寿纹、莲花、宝相花、吉庆双鱼、

云锦

云锦

富贵牡丹、八吉祥等纹样，表达了吉祥的寓意。这些云锦图案不仅具有视觉美感，同时承载着丰富的文化内涵，受到民众喜爱。

仙鹤街——仙鹤帮忙织锦的传说

仙鹤街，一条既仙气飘飘又烟火气十足的城南老街，位于南京的秦淮区，北起升州路，南接集庆路。听到这条街的名字，便可猜到与仙鹤相关，确实，关于街名的来历，有一个流传甚广的美丽传说，那就是云锦娘娘的故事。

故事发生在清朝初年，南京城内西南边秦淮河旁的一条古街上。这条街上住着许多织云锦的机工，他们以织云锦为生，每日辛勤劳作。在这群机工中，有一对母子，他们心灵手巧，但也只能靠向东家领取材料、织造云锦艰难度日。尽管生活困苦，但他们依然坚持接济穷人，以一颗善良的心面对世间的沧桑。

云锦娘娘怜悯这对母子，便派了两只仙鹤下凡来帮助他们。有了仙鹤的帮助，母子俩织出的锦缎更加光彩夺目，更神奇的是，他们织锦竟然不用丝线材料。东家见这对母子不再向自己领取织锦材料，便派人前去查探，老实巴交的母子俩便将仙鹤帮忙织锦的事情说了出来。

贪婪的东家得知此事，心生歹念，带着一帮手下冲进这对母子家中，准备抢夺云锦织机，这时从织机线端突然飞出两只仙鹤，它们对着东家的脸用力猛啄。东家吓得连连求饶，带着手下落荒而逃。

事发突然，众人赶来时，发现天空被绚丽的红霞映衬得色彩斑斓，城外高山之巅更是光芒四射，更为神奇的是，两只优雅美丽的仙鹤在空中翩翩起舞，宛如画卷般令人陶醉。这时，人们才知道，原来这两只仙鹤并非凡间之物，而是云锦娘娘身边的仙女。她们降临人间，是为了执行云锦娘娘的旨意，帮助穷苦百姓，为他们带来希望和祝福。为了纪念云锦娘娘和这对母子，人们就把母子俩居住的这条街取名为“仙鹤街”。

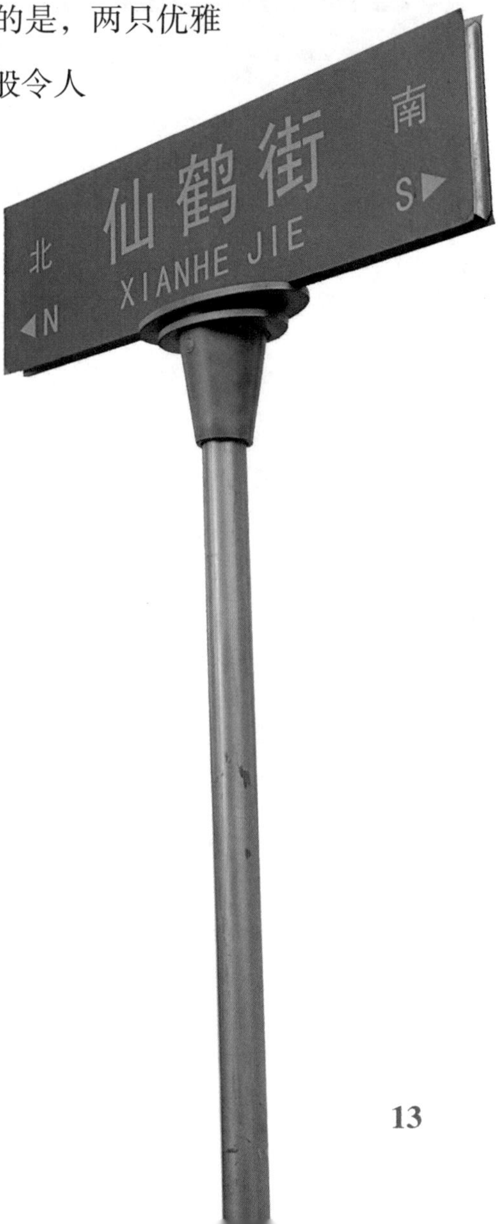

02

老南京的颜色——颜料坊

颜料坊，位于新桥东北，东南起中山南路与长乐路交会处，西北至彩霞街。《明代南京城图》即载有此地。因是明代颜料商店和染坊集中地，故名。清《同治上江两县志》称，颜料坊在草鞋街之东，即古西市，有山西会馆。

——《南京地名大全》

寻文化根

制作颜料、给衣物染色，源于远古时代人们对美的追求。他们采集朱砂（红色）、孔雀石（绿色）、石青（蓝色）、雄黄（黄色）等矿物，研磨成细细的粉末，涂抹在衣服等物品上，衣物就有了原始形

染坊

态的色彩，这些有颜色的石粉，也成为最早期的染料。

商周时期，染色技术不断提高，植物成为制作染料的主要原料。人们通过煮沸、浸泡等方法，将蓝草、茜草、栀子等植物中的色素提取出来，制成染料，然后将纺织品浸泡在染料中，让其吸收色素，最终达到染色的效果，这样的染色方式称为“浸染”。因为纺织品染色需求量大，制作染料需要专业技术，中国开始出现专门负责制作染料、给纺织品染色的人，官府也开设负责纺织品染色的专门机构——染坊。

南京自古以来丝织业发达，南京云锦更是其中代表。中华门西一带，地势较高，物品不容易受潮，最适合浸染丝绸锦缎，所以这里染坊林立，天天热气腾腾，一派繁荣景象，南京的云锦也大多集中在这里浸染。据说，当时用秦淮河水漂过的丝，最适合织造“玄色（黑色）缎子”

和“天青（深蓝色）缎”，地处门西秦淮河东侧的一条小巷，逐渐聚集起了众多的颜料商行和染坊，全国各地的商贩南来北往，熙熙攘攘，所以人们就把这条巷子叫作“颜料坊”。颜料坊也作为明代重要的坊市之一，被记载在明初《洪武京城图志》里，成为明代云锦织造业发达的历史见证。

清代中期，颜料坊依然商行林立，生意兴隆，直至清末，这里仍有不少染坊和颜料店，而颜料坊的地名更是一直保留至今。清末民国初，颜料坊的商业从染坊和颜料店，转变为嫁妆店的聚集地，所谓“嫁妆店”，就是以制作、销售嫁妆中马桶、脚盆等的商店。随着时代的变迁，2006年，颜料坊地区启动拆迁，这条古老的街巷永远消失了。

探行当门

明代染坊里的工匠通常都用植物制作染料进行染色。工匠们首先挑选适合的植物，采摘新鲜的、可用于制作染料的部分，将其细细切碎、捣烂，以便让植物中的色素充分释放。随后，他们将捣碎的植物材料置于锅中，倒入适量清水煮沸，制成染色原液。煮制的时长会影响植物色素的释放效果，因此这一步至关重要，通常由老师傅亲自把关，绝不敢有半点马虎。接着，将染色原液中的杂质过滤，留下纯净的染色液。杂质会导致染色不均匀，因此过滤步骤需极其细致，工匠们会反复过滤，直到染色液没有一点杂质。最后，重新煮沸染色液，使其浓缩，再放入少许石灰，防止染料变质失效，这样染料便制作完成，可随时进行染色了。

需要染色时，染坊的匠人们把纺织品浸泡在染料中，让其充分吸收色素以后，再取出晾干固色，以确保颜色牢固，不易褪色。染过颜色的丝绸布匹会缩水变形、失去光泽，如何让纺织品恢复本来的面貌呢？在南京，这就是其他工坊的工作了。

染坊场景

由于植物色素在植物体内难以长时间保存，古代的人们也没有办法长期保存新鲜的植物，因此植物染料的制作受到季节的限制，工匠们会在合适的季节抢摘植物，并立即将其加工成染料，以确保染料的质量。这些工作需要在特定的时间内完成，对工匠们来说非常辛苦。

由于南京的织锦行业繁盛，需要进行染色的织物很多，染料的需求量也很大。为了满足南京丝织业的需求，南京的工坊细分为专门负责制作、销售染料的颜料坊和专门用成品染料进行染色的染坊，这种分工合作的方式极大地增强了各作坊的专业性，提高了生产效率。

为了获得新鲜的植物色素，人们还在染坊和颜料坊的周边种植了大量染料植物，红花地、红花村等地方也由此得名。这种合理的分工和地域优势使得南京的织锦行业更加繁荣。

清末时期，西方国家向中国推销机器织造的纺织品，由于其价格低廉、结实耐用，对民族丝织业造成了严重的冲击。特别是在南京，大量的机坊、染坊倒闭，颜料坊的颜料店也逐渐消失，从事染料制作的匠人们也不得不转行从事其他行业。

习传统技

菘蓝是一种植物，又名大青叶、板蓝根，它的根、叶可以入药，叶还可以用来制作染料。

中国传统色彩天水碧，是一种浅青色，相传为南唐后主李煜的姬妾染出的颜色。我们可以用大青叶将白色手帕染成天水碧的颜色。

菘蓝

技艺材料

材料工具	数量
装有清水的塑料桶	2个
大青叶	50克
杵臼	1套
纱布包	1个
白色丝绸手帕	1块

技艺步骤

1. 把大青叶清洗干净、撕碎备用。

2. 用杵臼将大青叶完全捣烂后放入纱布包中。

3. 将装有大青叶的纱布包放入其中一个桶中，轻轻揉搓，制作染液。

4. 将提前用清水浸泡过的丝绸手帕，放入染液中浸染 1—2 分钟。

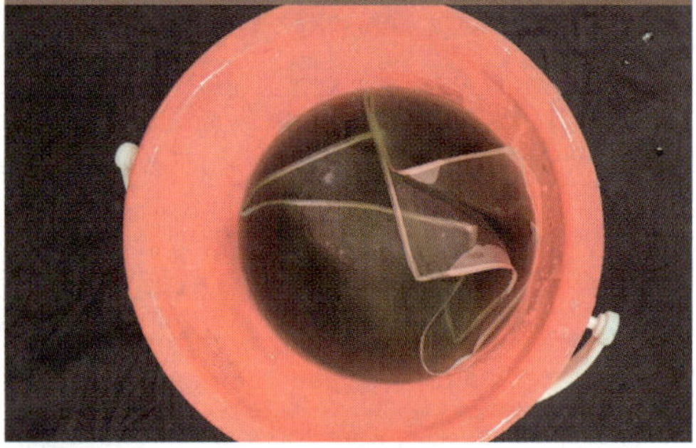

5. 取出浸染好的手帕，放入另一个水桶的清水中漂洗干净，拧干展开晾晒。

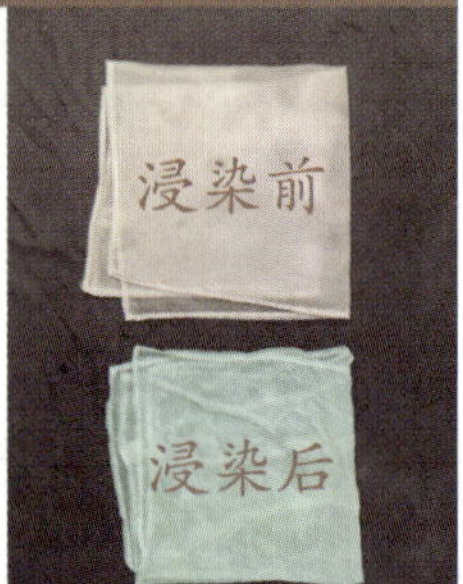

手帕展开后的样子。

小贴士

1. 捣烂大青叶时，要有耐心，可以采用快速轻捣的方式，以免汁液飞溅到衣服上。

2. 制作的染液必须在 30 分钟内用完，否则氧化后就不能用了。

3. 刚刚染出来的手帕是绿色的，氧化之后会慢慢变蓝，晾干后颜色会更淡一些。

南京城里的秦淮河，其独特的水质为云锦织物的染色提供了很好的条件，使染色后的织物光泽丰润。因此，在南京流传着这样一首民谣："大脚仙，咸板鸭，玄色缎子琉璃塔。"其中"玄色缎子"指的就是南京云锦。玄色和天青色是南京云锦中最著名的色彩，也是老南京最具特点的颜色。

云锦

思末来梦

随着工业发展，传统的染料制作业和手工织染业开始衰落。传统的矿物和植物染料被化学合成染料替代。由于化学合成染料的制作技术复杂、专业性强，因此现

传统纺纱模型

代染料的制作成为化学工业中的一个重要学科门类。

传统的染坊也被现代纺纱、织布、印染一体化生产的纺织厂取代。采用机器生产的布匹产量更大、材质更多、颜色更全、色彩更艳，能够满足人们对“穿”的各种需求。在秦淮区老门西的花露岗、凤游寺一带，明城墙边曾建有南京棉毛纺织厂，它是一座完全采用国产机器设备生产的棉纺厂。后来南京棉毛纺织厂搬迁，政府出于保护南京历史文化的目的，在原址建设了“悦动·新门西”园区，保留了原有厂区的风貌格局。

随着新纤维、新染料的快速出现，现代织物染色技术也在不断更新。无污染的生态染色、高效短流程染色、电子束的射线固色、电子成像喷墨印染和水转印等高新技术手段逐步成熟，更新的染色技术还将不断出现。

可是，近年来出现了一个有趣的现象，人们对传统的染料制作和手工印染又产生了浓厚的兴趣，使用传统工艺制作的纺织品成为人们的新宠。

手工印染品

拾古今趣

艺风楼

颜料坊 86 号曾经是颜料坊小学，也是南京著名的藏书楼之一——“艺风楼”的所在地，其建造者为清代著名藏书家缪荃孙。清光绪年间，两江总督端方聘请缪荃孙创办江南图书馆，并派缪荃孙、陈庆年赴杭州，以 73000 元将藏书家丁氏的“八千卷楼”藏书买下，这批书成为江南图书馆藏书的重要组成部分。缪荃孙也由此成为我国近代图书馆事业的奠基人，被称为中国近代图书馆事业的鼻祖。

新中国成立前，艺风楼旧址上修建了南京市颜料坊小学。新中国成立后，颜料坊小学归属考棚小学片区学校之一，于 2009 年停止办学，并入考棚小学等周边学校。

万顷红花染丝绫

红花是一种夏季开花的草本植物，其花可以作为中药材，具有活血化瘀的功效，同时也非常适合制作红色染料。

南京有两个冠名“红花”的地名，都在秦淮区。一个是位于太平南路中段东侧，南起三十四标，北至文昌巷的“红花地”，另一个是位于红花街道的“红花村”。在明清时期，秦淮门西附近的许多农家除了植桑养蚕外，还大量种植红花，以供染丝之用。这两个地方就以种植红花而闻名，素有“万顷红花染丝绫”之称，因此以红花为地名，一直沿用至今。

03

老南京的石元宝——踹布坊

踹布坊，位于升州路北，评事街东侧。南起走马巷，北至泥马巷。踹布坊为织布工人踹布的作坊，巷因坊名。

寻文化根

踹布坊是一条前后各呈“L”形的折弯小巷，也是南京丝织业中进行最后一道工序的工作场所。

踹布坊也被称为踹坊、踹行和踹布房。“踹”是用力踩踏的意思，顾名思义，踹布坊就是用力踩踏锦缎布匹的作坊。工匠们辛辛苦苦制作出来的云锦为什么还要用力踩踏呢？原来，经过锦绣坊织造、颜料坊浸染等工序后，锦缎布匹表面会失去光泽，整体变硬，还会缩水变小，为了恢复布匹的美丽和原有的尺寸，需要进行最后一道工序——研光。

古时候的人们发现，用河边捡来的表面光滑的鹅卵石，按压在布匹上用力摩擦，可以让布匹变得柔软有光泽，人们把这个步骤称为“研光”，用于研光的石头称为“研石”。研光的工艺不但用于纺织业，也用在纸张和皮革的生产制作中。随着纺织业的发展，人们织造的布匹越来越大、越来越厚，用鹅卵石研光已经不能满足人们的生产需求，为了提高研光的效率，人们用于研光的石头也越来越大。这时人们发现，越大越重的石头，研光的效果越好，但是巨大沉重的石块无法用双手操作。聪明的古代工匠想到脚的力量比手大得多，在反复实践中，渐渐开始用脚踩踏石块进行研光，这也是踹布的由来，用于踹布研光的石头叫作“踹布石”。

中国很多地方都留存有古代的踹布石，其他地方的踹布石多出现在染坊中，一个染坊只有 1—2 块踹布石，由于产量有限，通常都是染坊印染布匹后，自家踹布研光。而南京居然有一条街巷叫作踹布坊，说明南京的丝织业高度发达，生产的丝绸锦缎数量庞大，自家织布印染，自家踹布，已经不能满足生产需求，所以诞生了专门以踹布为职业的作坊——踹布坊，又因为专门从事踹布的作坊很多且聚集在一起，于是就有了踹布坊这个地名。

南京踹布坊的工匠们在生产实践中非常注重选择合适的踹布石。他们使用的踹布石多采自汤山地区的阳山，因为这里的石头性冷细腻，不会在使用时使丝绸布匹发热产生静电带来额外的损伤，同时也能有效地恢复布料的柔软度和光泽。这进一步体现了南京踹布坊工匠们在

南京踹布坊留存的踹布石

丝织业生产中的高超技艺和丰富经验。

中国只有南京有踹布坊这一地名留存，现居于此的居民中，很多人的祖先就是从事踹布这一行当的，踹布坊小巷中现在还遗存有大量踹布石，可见当时南京的丝织业有多么的兴旺繁荣。

探行当门

负责踹布的工匠叫作“踹匠”，他们工作的主要工具是踹布石。踹布石由两个石块组成，一块光滑的石板铺在下方，另一个凹形的石

踹布石

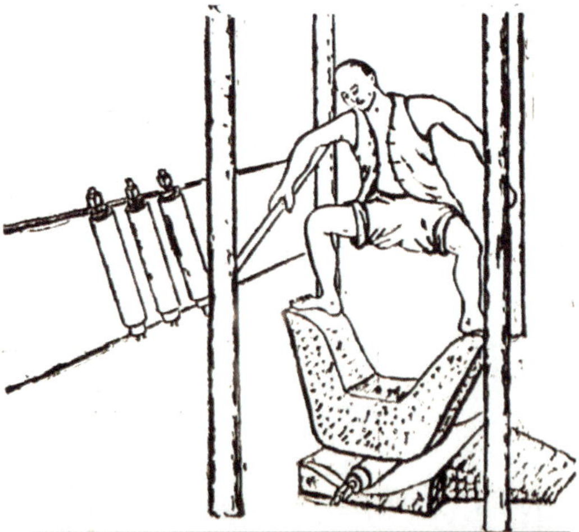

古图中的踹布工作

块压在上面，这个凹形的石块非常重，小的至少有几百斤，大的有上千斤。由于其形状像古代的元宝，踹匠们戏称其为“石元宝”。

踹布时，踹匠们把需要“踹”的锦缎布匹卷在木轴上，放在石板与石元宝之间，赤脚踩在石元宝的两端，来回用力踩踏，对布匹施加压力，使其与石块充分摩擦，让布匹恢复柔软、有光泽、有弹性的质感。

用踩踏石元宝压布的方式看起来非常简单，但是实际操作起来却有一定难度。

踹布要求工匠们在一块较小的石面上不断地来回转动，这需要极佳的平衡能力，一不小心就有可能跌落；在石元宝上用双脚来回踩踏时，施加的力量必须恰到好处，力气过大会损坏布匹，力量分布不均可能会让布匹出现薄厚质地不均的问题。因此，踹布匠不仅要有较好的身体素质，还需要丰富的经验。南京踹布坊中专门“踹”云锦的踹匠一般都是具有10年以上经验的老工匠，以保证云锦的成品质量。

明仇英版《清明上河图》中的踹布情景

在清代，南京的踹布业已经发展到了高度成熟的阶段。范铜所著的《布经》中记载，那些技艺高超的踹匠通常精通多种不同的踹布技巧，包括但不限于“擦皮踹”“削提踹”“背地踹”等。中国古代的踹匠在一块千斤巨石上，竟能衍生出这么多花样，真是行行出状元。

踹布这种工作劳动强度很大，非常辛苦，可是踹匠们的收入却很微薄，这也引发了踹坊主和踹匠之间的矛盾。道光初年，手工拉幅机从海外传入后，踹布坊逐渐衰落，踹匠们也纷纷改行，踹布这一行当也就消失了。

习传统技

我们曾经模仿颜料坊的匠人们浸染了一块丝绸手帕，染色后的丝绸手帕也会变硬、缩水，表面起褶皱。手帕很小，石元宝巨大而沉重，用踹布的方式研光肯定是无法实现的。我们能否利用鹅卵石模仿踹布坊的踹匠们对染色后的手帕进行研光处理呢？

技艺材料

材料工具	数量
染色后的丝绸手帕	1
研石	1
厚卡纸	1

技艺步骤

1. 观察研石，找到研石上光滑且呈弧形的部位。

2. 把染色后的丝绸手帕平放在厚卡纸上，沿着丝绸手帕的纹路，仔细耐心地研磨。

3. 研磨前后的对比。

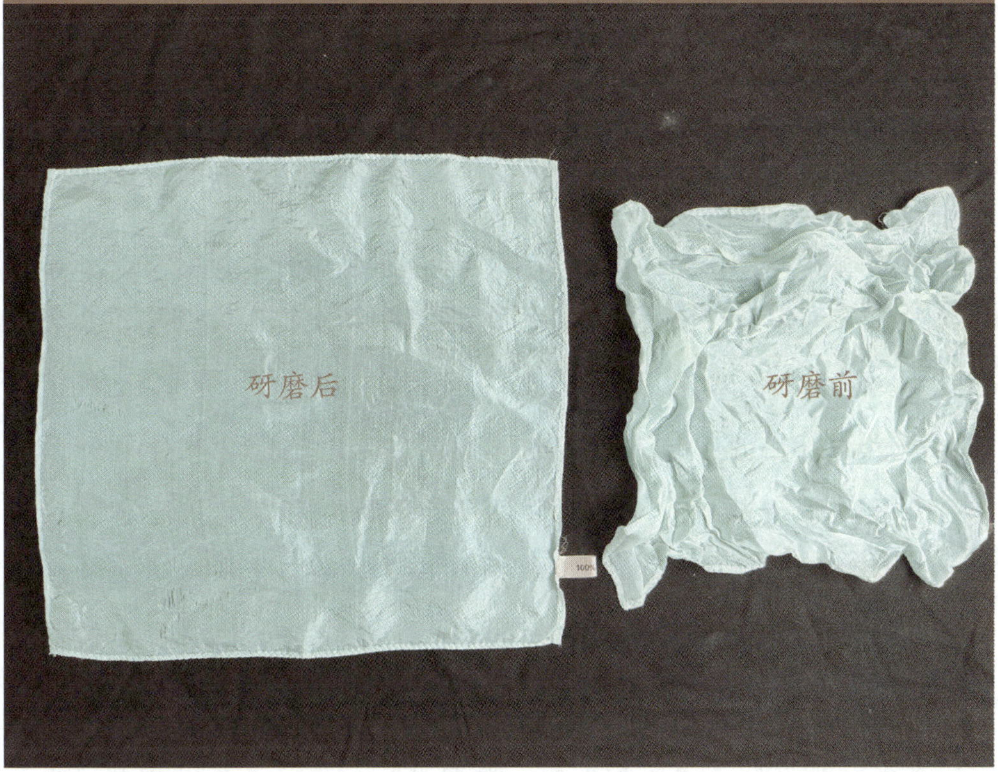

小贴士

选择研石时，除考虑石质、石形和重量外，关键在于使用时它的使用部位。如果使用部位较平，研磨布料时接触面较大，则容易将布料搓起研折。所以研石的使用面一定要呈弧形，与布料接触时应是一条线而非一个面，宽度在 2.5 厘米左右为宜，太窄则不易研匀，太宽则不易研光。

思未来梦

机械化纺织技术的引入和普及，大大提高了纺织品的生产效率，降低了生产成本，传统的手工踹布方式逐渐无法满足大规模生产的需求，而被手工拉幅机所代替。

拉幅机的主要功能是对织物进行定宽、定形和热定处理。它适用于各种织物，包括棉、毛、丝、化纤及其混纺织物等，利用拉幅机可以使织物达到理想的宽度和平整度，提高织物的外观质量和穿着性能。

踹布不仅是古代纺织工艺的体现，也是中国传统文化的一个缩影。它反映了中国古代人民对生活品质的追求和工艺美学思想。虽然传统的踹布技艺和踹布坊在现代社会仅仅作为展示和体验的项目存在，但它们在中国乃至世界纺织史上占有重要的位置，是劳动人民智慧的结晶。

踹布这项老技艺曾经被忽视，随着人们对传统文化的重视以及手工艺品市场的复兴，又逐渐受到关注，成为我国非物质文化遗产之一。现在，一些制作传统纺织工艺品的工坊和艺术家们开始重新学习和应用踹布技艺，曾经收入微薄的踹匠们也成了受国家保护的传统工艺传承人。踹布这项老技艺正逐渐被赋予新的生命力和价值。它不仅代表着传统工艺的延续和传承，也具有独特的艺术价值和文化意义。通过踹布，艺术家们能够赋予纺织品更加丰富的质感和美感，使其更具观赏和收藏价值。

因此，重新关注和重视踹布这一传统技艺，不仅有助于传统文化的传承，也为手工艺品市场的发展带来了新的活力。

拾古今趣

百年老厂中兴源与南京云锦

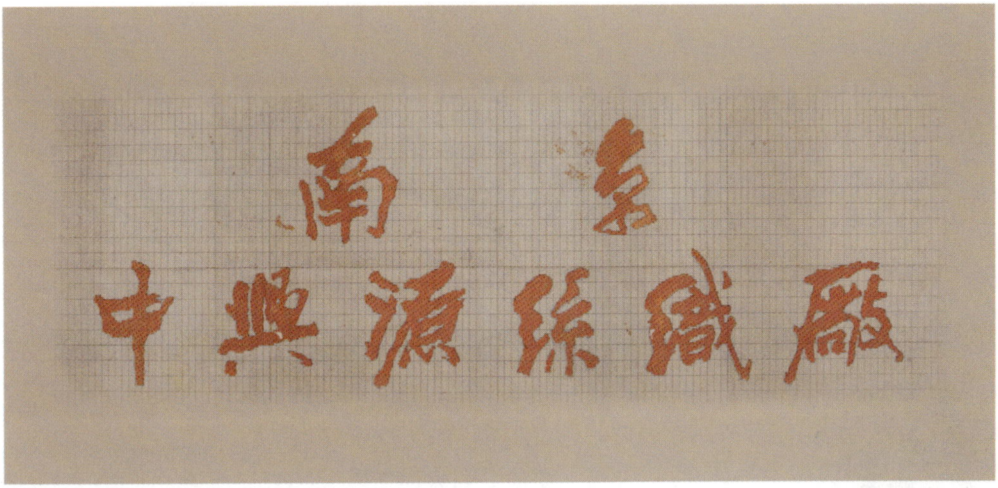

绒庄街和踹布坊在地理位置上相邻。1874 年，北京的正源绸缎估衣庄扩展其业务，在南京的绒庄街上开办了一个分号，叫作正源兴记绸缎庄，后改名为中兴源丝织厂。

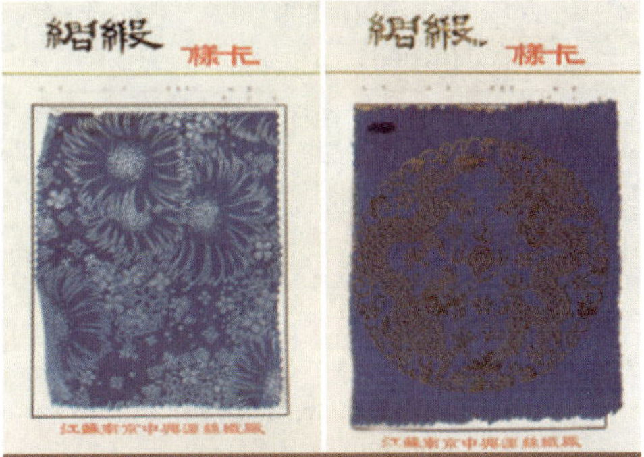

中兴源丝织厂样卡

中兴源丝织厂在中国丝绸工业和南京云锦发展史上具有非常重要的地位，它是南京云锦辉煌历史的见证。在鼎盛时期拥有 300 多台织机，生产的云锦产品远销海内外，备受推崇。但是，到了 20 世纪 40 年代，云锦行业逐步走向衰退，众多云锦企业接连宣告破产并关闭。尽管如此，南京的中兴源丝织厂仍然保留着四台织机，纺织工人们坚持不懈地生产云锦，这为云锦的织造技艺留下了传承的希望之光。

被垄断的踹布石

在清代的南京，织染业是当地经济的重要组成部分，其中踹布业尤为突出。这一行业最为核心的工具踹布石便被官府严格控制，不允许自由交易，每块踹布石都必须获得官方颁发的专门执照方可使用。这些执照的颁发数量是有严格限制的，若踹布石出现损坏，持有执照的人必须将原先的旧石进行销毁处理，再按照执照上规定的数量购置

踹布坊场景

新的石头。因而，掌握踹布石的使用权便相当于掌握了踹布行业的命脉。当时，公和坊几乎占据了南京整个踹布业的主导地位。公和坊拥有所有踹布石的使用权，并负责给官方的踹布劳役指派任务。然而，并非所有获得踹布石执照的人都精于踹布技艺，他们中的许多人获得了所谓的“踹石权”后，便将踹布石出租给专业的踹布工人，以此赚取高额的租金收益。

04

老南京的灯火——钦化坊

钦化坊，现今为秦淮区笪桥所在，位于建邺路南侧，评事街北端，朝天宫街道范围内。

寻文化根

钦化坊一带，自明代起就是扎灯结彩的手工业作坊聚集地。这里是南京灯市“主场”，明代鼎盛一时。

古时，南京人会在庆祝节日或重大喜庆活动的时候扎制、悬挂花灯来表达自己喜悦的心情。例如，战场上的勇士们凯旋，朝廷官员和普通百姓都齐聚一堂，点亮灯笼，营造出一片热烈欢腾的氛围，以庆祝战争的胜利。每年元宵佳节来临的时候，从宫殿王府到普通人家，

评事街，位于升州路中段北侧。南起升州路，北至笪桥。清工部《明代南京城图》亦载有此街名，《白下琐言》称：“评事街……今由打钉巷抵七家湾，攻皮者比户而居。”古时，此地为皮货摊贩市场集中地，曾名皮市街，后讹为评事街。明初，其一段亦称皮作坊。清又复名评事街。明清时期，此地相当繁华，“肉腻鱼腥米盐糅杂，市廛所集，万口一嚣”。此街也是古代南京灯市的中心之一。《首都志》曰：“评事街西旧有欧阳氏居此，有宴园。焦文端公《欧阳氏式好堂记》云：金陵评事街居人莫久于欧阳氏也。又有江西会馆。”会馆前身是祝慈禧太后寿辰的万寿宫。

——参考《南京地名大全》

评事街碑

门前屋外张灯结彩，秦淮河两岸一派灯火辉煌的景象。

朱元璋当年“集天下工匠于江宁”，评事街一带成为工商重地，当年扎灯艺人的作坊就聚集在这里，他们在这里制作、售卖花灯，渐渐形成集市。据历史文献所载，钦化坊周边的这片空旷地带，逢着元宵庆典，民众聚集在一起，在此处欢游玩耍龙灯、挑选彩灯，盛况空前。明代的大画家徐端本和清代初期的文坛名家吴敬梓，也曾至评事街与笪桥地区参与赏灯活动。随着时间推移，到了民国时期，钦化坊的繁荣不再，制灯手艺人开始向夫子庙区域集中，灯市的中心逐渐形成。

钦化坊虽然没有演变为地名，但长期以来，民间都以“坊”命名这里。

德高望重评事街，城中最闹是笪桥。今天，南京最热闹的灯市在城南夫子庙，但明清时期南京灯市的中心不在夫子庙，而是在评事街的笪桥。笪桥，传为宋代笪道源所建。笪桥一带的市集被称为笪桥市。《乾隆句容县志》有记。笪桥地名由来已久，明清通俗小说《喻世明言》《姑妄言》《女仙外史》等多提及此地，明清时，这座笪桥与其附近的评事街等地名一样，赫赫有名。

探行当门

很久以前，专门从事花灯制作的工匠还未出现，那时仅有的是制作纸制品的手艺人。这些工匠的日常生计依靠制造纸灯笼、纸偶以及纸马等日用品为主，仅在空暇之际制作花灯或风筝，在佳节来临时将它们出售以换取日常所需。一直到 20 世纪的 80 年代，才开始有了专业制作花灯的手艺人。

秦淮花灯多采用家庭作坊式生产，每个家庭作坊都有自己的工艺流程和绝活，作坊之间几乎不会交流技艺。可是花灯艺人们大多集中于秦淮河畔，邻居之间难免会互相“偷师学艺”，如果某个花灯作坊创造出了一种新彩灯，其他艺人会在市场上买一个，带回家仔细研究，在琢磨他人工艺的同时，再融入自己的智慧，对已有花灯进行再创造，渐渐演变出南京灯彩行业百花齐放的态势。

南京灯彩艺人制作花灯的材料以竹子和纸为主，有时候也会用到树木、藤条、麦秆、兽角、蚌壳、金属等特殊的材料，灯内部照明的燃料主要有松脂、动植物油、漆、石蜡、煤油等。得益于灯彩行业的发展，造纸业、燃料业也得到了发展。那时候南京手工作坊相对集中，采用前店后厂模式，扎花灯的作坊离灯市不能太远，而且还要兼备水陆转运的便利条件。登隆巷在水西门港口与灯市的中央，随着时间流逝，这条小巷逐渐被大众昵称为“灯笼巷”。再如细柳坊的竹篾、明瓦廊的明瓦（蚌壳）……都为秦淮灯彩注入源源不断的活力。

以前，制作花灯的手艺依靠家族传承，现在，许多资深的手艺人开始向公众开放，开展课程培训。这项曾因传统而显得难以触及的工艺，竟然在年轻一代中流行开来。特别是随着对外交流的加强，灯彩的艺术魅力在国际上产生了显著的效应，还吸引了海外朋友和归国华人慕名前来学习制灯技术。

习传统技

传统秦淮花灯的制作主要分为扎骨架、裱糊、装饰、组装四个步骤。花灯艺人先用竹篾、纸捻等材料分别扎出花灯各部分的骨架，用糨糊把纸张、绸布裱糊在灯坯的骨架间隙上，用珠片、花纸、绣片等装饰灯体，最后把花灯的各部分组装在一起，一个漂亮的秦淮花灯就制作完成了。对于一些大型花灯，艺人们则会将其分解成几个部件，逐个完成后再搬到现场组装。

接下来，让我们一起用传统方法制作一个简易花灯。

技艺材料

材料工具	数量
塑料透明吸管	12 根
彩纸	4 张
胶水	1 瓶
流苏	1 个
红丝绳	2 根

技艺步骤

扎骨架

1. 将四根相等长度的吸管用胶固定成正方形，做两组。

2. 再用四根吸管垂直固定住刚才做的两个正方形，形成一个立方体骨架。

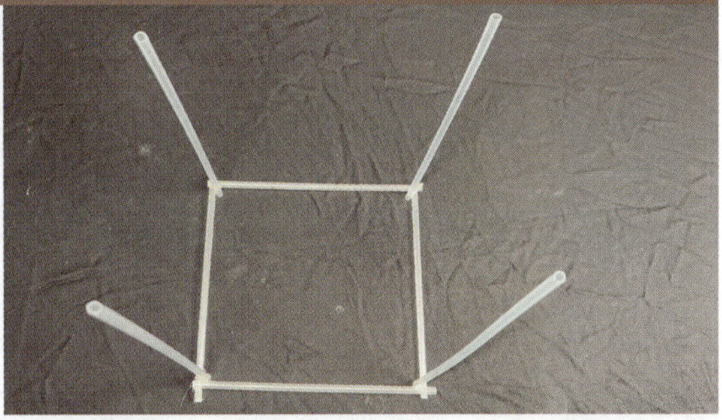

裱糊

1. 将彩纸裁成和外框相同大小。

2. 用胶均匀涂抹外框，将彩纸平整地粘贴在外框上。

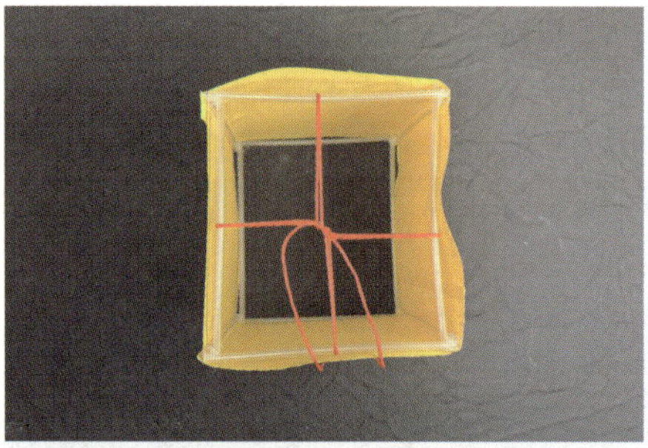

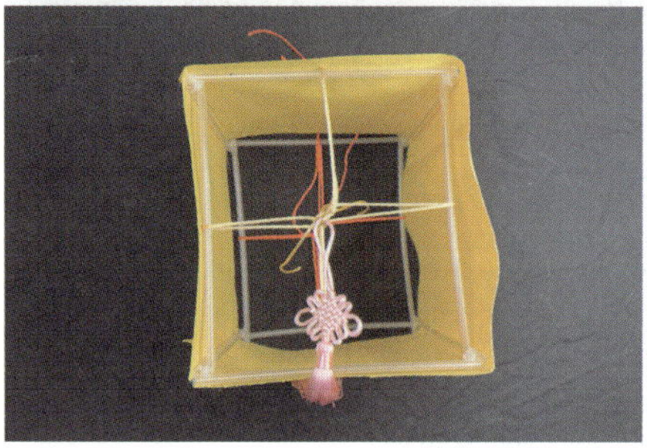

装饰

1. 用红丝绳在底部十字交叉打结。
2. 将流苏系于交叉点。
3. 也可进行其他装饰。

思未来梦

现在，秦淮灯彩仍然焕发着古老而年轻的光彩，成了南京一张耀眼的城市名片。“没去看花灯，等于没来过夫子庙。”在夫子庙老门东，你仍然可以看到灯彩传承人手中上下翻飞的彩纸和竹丝，逐渐变成一盏盏精美的花灯。

元宵佳节，穿过大成殿，登上中华门，一组组大型灯组赫然屹立；男女老少赏灯之余，人人手里都提着一盏精致小巧的传统花灯。走马灯、金蝉灯这些运用热空气上升的原理，或是利用竹子的韧性动起来的花灯，是小朋友的最爱；荷花灯、菠萝灯则深受热爱传统工艺的顾客喜爱……为了满足人们的多种需求，烘托节日气氛，花灯艺人在现代灯彩中使用金属焊接工艺，外罩各色绸布，这样可以把灯彩做得更为巨大。为了使灯光更持久、明亮、安全，改传统蜡烛为LED灯。现代灯彩还加入了机械结构，以电机为动力，让灯彩“活”起来。当前，秦淮灯饰的种类更多，它不仅保留了荷花灯、狮子灯这样的传统作品，还推陈出新，推出了一批反映时代特色的花灯作品，例如以轮船、火箭、都市建筑、自然风景等为题材制作的灯彩。

秦淮灯彩作为地方文化特产，常被人们买来作为伴手礼。为满足物流需要，艺人在材质、包装上也动足了脑筋。如把传统竹筋骨换成更柔韧牢固的金属丝，把纸、帛换成更牢固、鲜艳、低成本的人造丝；把小型花灯装进亚克力透明盒；甚至做成半成品材料包，满足手工爱好者的需求……一系列的革新，都大大提高了花灯的经济效益，也将秦淮灯彩推向世界的舞台。

各种花灯

拾古今趣

秦淮灯会美名扬

“火树银花不夜天，灯彩璀璨贺新春。”秦淮灯会，作为南京的传统节庆活动，入选国家级非物质文化遗产代表性项目名录。

1984 年，夫子庙古建筑群得以修复，一年后的 1985 年，春节至元宵节期间，在夫子庙一带由官方组织了第一届“迎春灯会”，以后几度改名，最后恢复了“秦淮灯会”的名称。至 2024 年，已连续举办了 38 届。

花灯

逢迎春节至元宵节，秦淮河两岸随处可见璀璨的灯饰和热闹的庆祝活动，歌声伴着舞姿，盛况空前的繁华盛景，使得“秦淮灯会天下无双”的赞誉声名远播。

经典花灯永流传

荷花灯

荷花灯是秦淮灯彩中最著名的灯彩之一。“荷”字谐音“和”，寓意着和和美美。荷花灯下常常装饰着莲藕，象征着佳偶天成；莲蓬和莲子则寓意着子孙满堂，多子多福。多么动人的含义啊，多么迷人的荷花灯！

你们知道吗？打造一盏荷花灯竟有六十二道工序！工匠们先以竹条扎出灯笼的框架，接着制作花瓣，将其一片片粘贴于框架之上，形成荷花的初样。花瓣的制作过程是最复杂的：得先将纸张剪裁成块状，然后将其浸入染液中进行染色，染色完成的纸张要展开晾干，待纸彻底干燥之后，再压印处理，营造出花瓣和叶片表面的纹理，用极细的铜丝飞速地缠住花瓣纸的一边，一片栩栩如生的花瓣便诞生了。在制作荷花灯前，需先将花瓣做成卷状，接着用黏合剂粘在支架上。形成荷花灯的基本形态后，继续添加花朵、莲蓬以及荷叶等饰品，这样一来，荷花灯便制作完成了。

此外，还有蛤蟆灯，又叫金蝉灯，人们会买来放在锅台或石磨上，以示终年不愁没饭吃（传说蛤蟆是老财主）。鱼灯用水瓢盛着，放在水缸里，表示“如鱼得水”，寓意日子过得称心如意。

05

老南京的“蔓”妙——细柳坊

细柳巷，位于长白街西侧，南起马府街，北至常府街。清《同治上江两县志》载有此巷。传明代曾有袭用汉代著名军营细柳营名的军营驻此。后营废成巷，以“细柳”二字而得巷名。另一说，此处曾是芦柴滩和坟堆，后有棚户在此开发，道路两侧栽有众多柳树，初名惜柳巷，后更名为细柳巷。2005年，因城建拆迁而消失。

——《南京地名大全》

寻文化根

柳编家具

柳编篮筐

细柳坊是用柳条编扎生活用品的工匠作坊聚集的地方。

在中国，用柳条制作家庭用品的历史非常悠久，可以追溯到距今5000年前的新石器时代。当时的人们在生活中需要使用各种各样的容器来盛放采集到的食物，如果用木头、陶土、石头来制作容器，对于他们来说制作难度非常大，制作时间漫长，制作好的容器又重又硬，不方便携带。聪明的古人发现河边的柳条很柔软，容易弯曲，粗细均匀，不易折断，而且数量多，容易获得，经过简单编扎即可制成一个又轻便又不易损坏的容器，特别方便实用。

战国时期，用柳条编扎的物品已经广泛应用于人们生活的各个领域了。编扎的工艺越来越精美，编扎的物品种类也越来越丰富，大到橱柜桶筐，小到菜篮碗碟，都可以用柳条制作，用柳条制作物品也逐渐发展成为一门独特的手工艺，人们称之为柳编，以柳编为生的匠人叫作扎柳匠。由于柳编的物品便宜实用，所以不论在哪个朝代，柳编物品都是人们日常生活中不可缺少的生活器具之一，在中国古代社会有着举足轻重的作用。

南京地处江南，空气湿度大，特别是每年到了梅雨季节，家中的衣服、被褥容易滋生霉菌，影响人们的身体健康。而柳编制品透气性极佳，可以保持物品的干燥和通风，防止发霉，所以南京人自古以来就特别青睐柳编制品，几乎家家户户都有，柳编制品需求量巨大，这也让南京的扎柳匠生意红火。朱元璋在南京建都以后，从全国各地征调的工匠中也有一部分是从事柳编行业的，这使得南京的柳编作坊更多了，久而久之，柳编作坊的聚集地便以其行当命名，又因为柳条都是细细的，所以这里就叫作细柳坊了。

明代，细柳坊曾驻兵，改名细柳营，1950 年，再次改名为细柳巷。现在的常府街以南，长白街以西，仍保留有细柳巷北段。

探行当门

在远古时期，人们的生活方式原始简单，他们仅仅利用自然界中的资源来满足日常生活的需求，所以那时候没有专门的扎柳匠，人们只是就地取材，编扎简单实用的物品。然而，由于缺乏处理柳条的技术和工具，制作出来的柳编制品往往容易受潮变形、断裂或腐烂。随着人类文明的进步，柳编工艺逐渐得到

改进和完善，柳编制品更加坚固耐用，专门的扎柳匠也应运而生。

柳编作坊场景

扎柳匠在进行柳编制作前，需要先选材。他们以柴柳的新鲜枝条为主要原材料，因为柴柳的枝条去皮后软绵有韧性。而我们在古诗中常见到的垂柳因其易断，所以不能作为柳编的最佳材料。采摘柳条也是有学问的，摘取的柳条上不能有叉枝，每根柳条要尽量保持粗细相近。选材结束，便是制材。采摘下的柳条，不能直接使用，要去皮去叶。先处理柳条根部，再处理柳条细尖的部分。柳编主要靠柳条细长的一头进行编织，所以匠人们在处理时，会格外小心。去皮后的柳条需要泡水，这样可以使其变得更加绵软有韧性。最后经过风干，柳条就处理完毕了。

处理完柳条后就要进入最核心的编扎步骤了。在千百年的传承过程中，扎柳匠们发明了很多编扎的方法，最常用的就有平编、绞编、扭编等十多种。扎柳匠在编扎时会根据所编器型的不同，将多种编扎方法混合使用，以达到坚固耐用的目的。编扎时，手上的力度要掌握得很精准，一件物品最好能一气呵成，这样编出来的器具才均匀紧凑。因此，一件大型的柳编制品往往需要扎柳匠连续工作好几个小时才能完工，很是辛苦。

各种柳编制品

在满足实用性的同时，扎柳匠人们还发挥自己的聪明才智，在编扎的过程中运用更加复杂的编扎方法，设计出各种吉祥花纹，比如喜字纹、卍字纹，寓意平安喜乐，吉祥如意。手艺出众的扎柳匠常常还会将绣花、镶嵌、雕刻等工艺与柳编相结合，使柳编制品更具艺术效果和观赏价值。

一根根纤细而柔软的柳条在扎柳匠手中快速穿插翻飞，匠人们用双手创造出一个个精美绝伦的作品，用智慧赋予了柳编制品生机和灵动。在他们手中，柳条不再是简单的材料，而是艺术之美的载体，展现出独特的韵味和魅力。

习传统技

绞编是细柳编织时最常见的编织方法之一。绞编以经纬编压为特点，压一挑一，先排经向，再编排纬向。交叉上下穿行，循环缠绕。编成后，柳编制品表面的纬条将经条全部覆盖。

让我们用柳编中的绞编手法，一起来编织一个小柳盘吧！

技艺材料

材料工具	数量
处理后的柳条	20 根
剪刀	1 把

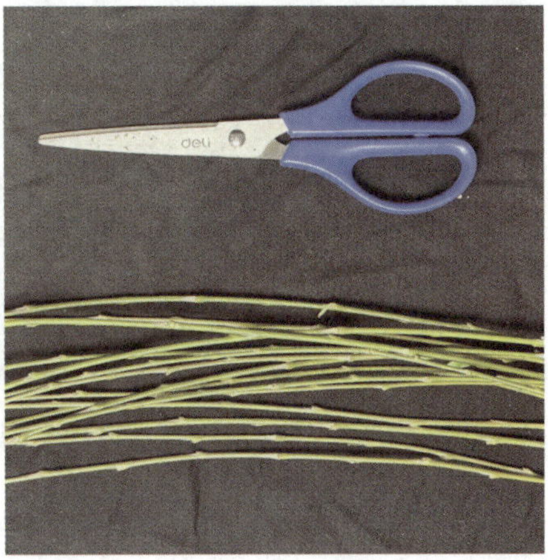

技艺步骤

1. 柳条每四根一组，铺成“米”字形。
2. 另取一根柳条，从交叉点开始，“压一挑一”绕圈，进行缠绕。

3. 再取两根柳条，“交向环绕”绕圈，继续缠绕。一边绕圈，一边挤压，使盘子更加平整紧致。

4. 收口。将经向柳条依次向下，使其顶端插入盘身空隙处。

5. 修剪多余枝条。用剪刀将凸出的枝条修剪掉，一个可爱又实用的小柳盘就制作完成啦！

小贴士

1. 风干后的柳条有些粗糙，在编织时要注意动作轻柔，以免受伤。

2. 柳条韧性较强，为了你的小柳盘能更加结实，编织时要注意每根柳条尽量贴紧，不要留过大的缝隙。

思未来梦

随着科技的进步，柳编制品越来越少地出现在人们的生活当中。细柳筐、细柳篮等也逐渐被陶瓷制品、塑料制品以及金属制品等取代，扎柳匠这一行当也逐渐走向衰落，曾经繁华的细柳坊再也找不到制作、售卖柳编制品的作坊了。但是扎柳匠人们依然坚守着自己的匠心和执着，传承和发扬着柳编工艺的精髓。他们因时而变，紧跟时代的潮流，不断调整和改进自己的技艺，将传统的柳编工艺与现代设计理念相结合，为传统柳编制品注入新的元素和灵感，使柳编制品发展为更具时代感和创造性的柳编工艺品，让这一行当焕发出新的生机和活力。

塑料篮子

在当今社会，柳编工艺作为中国传统手工艺，面临着现代化的冲击和市场的挑战，但其独特的魅力和文化价值依然不可替代，成为中国非物质文化遗产之一。越来越多的人开始重视和关注柳编工艺的传承和发展，希望能够通过各种方式将这一珍贵的传统文化传承下去，让柳编工艺继续在现代社会中绽放光彩。

柳编工艺品

柳编收纳箱

拾古今趣

《红楼梦》里的南京柳编

《红楼梦》的作者曹雪芹，在南京长大，他在书中对柳编也有一段描述。第五十九回“柳叶渚边嗔莺叱燕　绛芸轩里召将飞符”中写道：“顺着柳堤走来，因见叶才点碧，丝若垂金，莺儿便笑道：‘你会拿这柳条子编东西不会？’蕊官笑道：‘编什么东西？’莺儿道：‘什么编不得？顽的、使的都可。等我摘些下来，带着这叶子编一个花篮，采了各色花儿放在里头，才是好顽呢。’”可见，从明至清，柳编在当时的南京都很兴盛。

国家非物质文化遗产——柳编

“种植杞柳喜洋洋，一亩能抵三亩粮。”“学会柳编这一行，三到五年盖楼房。”如今，民间还流传着这样的谚语。柳编这门古老的技艺，在中华大地上已传承了近千年，手艺精湛的工匠将其不断发扬光大。

在文化和旅游部公布的国家级非物质文化遗产代表性项目名录中，共有 8 种来自不同地域的柳编作为传统美术项目在列。

序号	项目序号	编号	名称	类别	公布时间	类型	申报地区或单位	保护单位
1	831	Ⅶ-55	柳编（广宗柳编）	传统美术	2008（第二批）	新增项目	河北省广宗县	广宗县文化馆
2	831	Ⅶ-55	柳编（维吾尔族枝条编织）	传统美术	2008（第二批）	新增项目	新疆维吾尔自治区吐鲁番市	吐鲁番市高昌区文化馆
3	831	Ⅶ-55	柳编（固安柳编）	传统美术	2011（第三批）	扩展项目	河北省固安县	固安县文物和非物质文化遗产所（固安县博物馆）
4	831	Ⅶ-55	柳编（黄岗柳编）	传统美术	2011（第三批）	扩展项目	安徽省阜南县	阜南柳编工艺品协会
5	831	Ⅶ-55	柳编（霍邱柳编）	传统美术	2011（第三批）	扩展项目	安徽省霍邱县	霍邱县淮美奇工艺品有限公司
6	831	Ⅶ-55	柳编（博兴柳编）	传统美术	2011（第三批）	扩展项目	山东省博兴县	博兴县文化馆

序号	项目序号	编号	名称	类别	公布时间	类型	申报地区或单位	保护单位
7	831	Ⅶ-55	柳编（曹县柳编）	传统美术	2011（第三批）	扩展项目	山东省曹县	曹县民间传统手工技艺研究会
8	831	Ⅶ-55	柳编（临沭柳编）	传统美术	2021（第五批）	扩展项目	山东省临沂市临沭县	临沭县柳编工艺品商会

广宗柳编以“一横一竖”编织法出名；维吾尔族枝条编织将实用价值与艺术欣赏价值相结合，图案精美；曹县柳编以多变的编法而闻名于世……全国各地的柳编匠人都用自己灵巧的双手为人民创造出一件又一件精美的柳编制品，将柳编技艺不断传承下去。

06

老南京的印记——皮作坊

《正德江宁县志》记载："皮作坊在县西北，西通评事街，东通帽儿行。"

寻文化根

"一条评事街，半部城南史"，评事街的附近不但有踹布坊、钦化坊，还隐藏了一条短短的街巷——皮作坊，它西边连着评事街，东边通着帽儿巷，自元代开始就是皮革作坊聚集的地方。皮作坊的由来与评事街的得名关系密切，我们就从评事街来聊一聊皮作坊。

元代，这里成为摊贩云集的皮货交易市场，出售毛皮、熟革制品，是南京有名的"皮革一条街"，这条街巷就被称为"皮市街"。

到了明代初期，南京的皮货交易不仅没有消失，反而更加红火，皮市街的皮革市场也越来越大，成为南京最繁华的商业中心之一。随着地方口音的转变，“皮市街”渐渐被以讹传讹变成人们口中的“评事街”。据秦淮档案方志记载：在明代，南京“九市十八坊”的核心就是评事街，它和夫子庙都是当时最受欢迎的闹市区。“皮作坊”便是评事街中的一段。

1888 年的评事街街景

民国时的评事街与升州路口，商业繁荣，熙来攘往，各类货物和服务无所不有

随着政治中心的北迁，南京的皮革交易失去了当年的繁华，但是即使在民国初期，南京开办的皮革作坊依然还有十多家，也算是部分保留了南京制作皮革的传统。1956 年，许多私人的皮革作坊响应政府号召实现公私合营，并入南京皮革厂。

现在的“皮作坊”已经彻底消失在历史的长河中，但评事街这条街巷还在，五百多米的评事街一带没有了嘈杂纷扰的商贩交易，反而多了几分烟火气，“最地道”的南京板鸭、“最有南京味”的牛肉、外焦里嫩的牛肉锅贴……成为很多老南京人绕不开的城南记忆。漫步其中，其悠久的历史和深厚的文脉依然值得人们回味。

探行当门

说到皮作坊，不得不提皮革制品，皮革制品的历史几乎与人类文明的发展同步。远古时期的人们以狩猎的方式获得食物，剩下的动物皮毛被用来御寒。但是未经加工的皮毛里面含有大量的动物脂肪，很容易风干变硬、腐烂变质，是不能直接使用的，称为“生皮”。

聪明的古代匠人们在生产生活中，逐渐发现总结了皮毛加工保存的方法。他们首先把动物皮毛上的毛和脂肪等去掉，再把树皮、矿物盐、石灰等材料放入水中，制成特殊的药水，将处理好的生皮放入药水中浸泡，使生皮变得更加柔软并保持良好的弹性。浸泡之后，还需要把

皮匠工作场景

皮革的各部位展开，用毛竹撑开晾晒，这个处理的过程叫作“鞣革”。经过鞣革处理，生皮就变成了可以制作成各种皮革制品的“熟皮”，也就可以售卖了。除了鞣革以外，皮匠还需要对不同动物的皮革材料有深入的了解，具备剥皮、裁剪、缝制等多种复杂的技术，于是渐渐形成了专门制作皮革制品的作坊。又因为鞣革浸泡的过程会持续一个月以上，长时间的沤制产生了大量的异味，使得皮作坊内的工作环境十分恶劣，所以古代的人们戏称制作皮革制品的匠人们为“臭皮匠”。

皮革制品具有耐用、耐磨、防水等特点，在物资匮乏的古代，深受人们喜爱，在生产生活中得到了广泛的应用，衣物、鞋子、包袋、马具、绳索等都可以用皮革制作。因此，皮匠这个职业在中国古代具有十分重要的地位，受到人们的尊重。

古代皮革铠甲

古代日常皮革制品

南京的皮作坊以家庭作坊为主，在明代非常有名。他们自产自销的猪、牛、羊等动物的皮革制品，在传承家族手工技艺的同时，精益求精，不断创新。这种匠人精神使得南京的皮革制品在质量和工艺上都非常出色，吸引了许多外地商户和皮匠前来购买和学习。

虽然现代工业的发展和新材料的出现给人们带来了更多的选择，但皮革制品依然很受欢迎，皮匠作为中国古代的重要职业，仍然值得我们铭记和尊重。

习传统技

一块质地细密坚韧的天然皮革要经过 100 多道工序，仔细打磨和近万次的雕刻与敲击，才能变成一件精美的手工皮艺制品，呈现到大家的面前。

下面我们一起制作一个皮制小熊钥匙扣，来学习简单的皮具制作方法。

技艺材料

材料工具	数量
硬纸板	1 张
笔	1 支
剪刀（或美工刀）	1 把
处理好的皮革	1 片
菱斩	1 个
打磨棒	1 根
针线	1 套
切割板	1 块
钥匙环	1 个
锥子	1 把

技艺步骤

1. 在硬纸板上画出小熊钥匙扣的版型，用剪刀剪下。

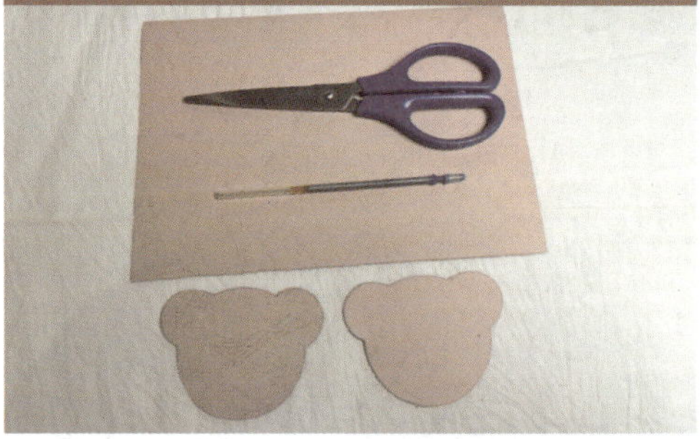

2. 比照剪出的硬纸板，用笔或锥子在皮革上画出图形，用剪刀（或美工刀）将画好的图形剪下。

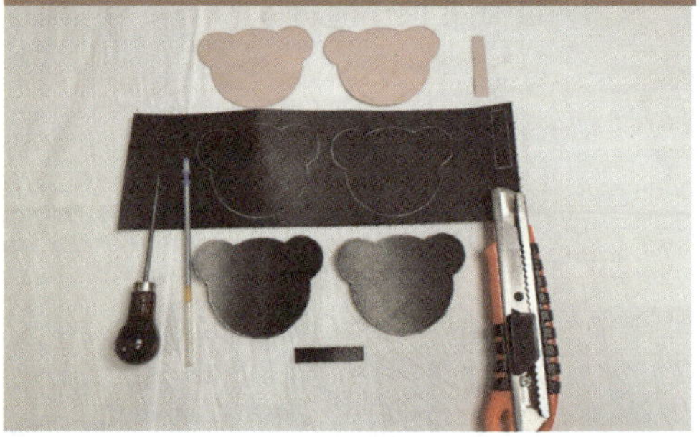

3. 用菱斩沿着皮革边缘均匀冲孔。（正反两面均需冲孔）

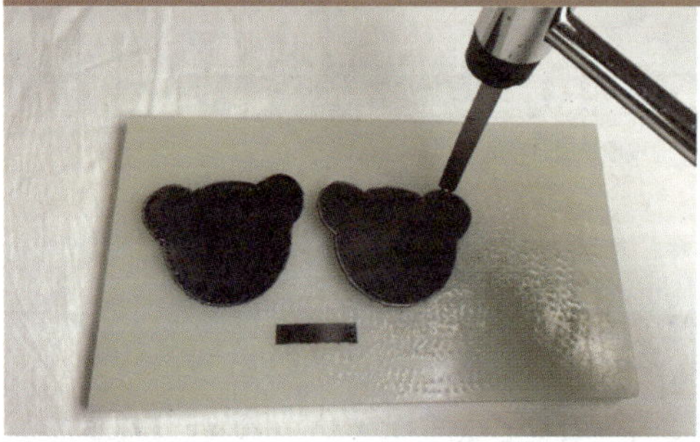

4. 穿针打结，把两片皮革交叉缝线一圈。

5. 用打磨棒沾水打磨边缘，去除毛刺，最后装上钥匙环。

同学们还可以试着设计自己喜欢的图案，或者试着研究制作其他皮制作品，感受传统行当的匠心独运。

思未来梦

现代各种精美的皮具

随着科技发展，家庭式的皮作坊被具有现代高精尖设备的皮革厂所取代。在现代化的皮革厂中，运用计算机软件技术，不仅可以实现皮具的量化生产，还可以实现产品款式和配件的快速设计、生产过程的计算机控制，使皮具生产更加高效，人工智能使皮具的发展更上一个台阶。另外，纳米科技也是皮革材料的未来发展趋势，纳米皮不仅可以抗菌，还有许多特殊性能，例如高强度、高韧性，以及极强的吸湿性和阻燃性等，都是传统皮革没有的优点。相信纳米技术必将为皮革业的发展带来勃勃生机。

同学们，不知道你们有没有发现，我们的身边逐渐出现了个性化

现皮作坊

的“皮圈”工坊。传统皮作工艺越来越受到人们的喜欢，老手艺“破圈”，传统皮艺已经成为一种时尚的代表，潜心钻研、精益求精的匠人精神让人们重新认识到传统文化的魅力。相信在传承与创新中，手工传统皮艺将与现代化的技术相结合，找到新的可能，刮起风靡世界的“中国皮作风”。

拾古今趣

有趣的“攻皮之工”

你知道吗？问世于春秋战国时期，我国最早也是当时领先世界的手工艺专著《考工记》将工匠分为六类，分别为攻木之工、攻金之工、攻皮之工、设色之工等。而“攻皮之工”（皮革工艺）又具体分为5个工种：函、鲍、韗（yùn）、韦、裘。

“函”制作皮甲，称“函人”，现为皮衣加工以及皮革制造行业从业人员。

“鲍”制作革，称“鲍人”，现为制革行业从业人员。

“韗”制作皮鼓，称“韗人”，现为鼓皮行业以及乐器制造业从业人员。

“韦”制熟皮，称为“韦氏”，现为熟皮行业从业人员。

“裘”制作裘衣，称“裘氏”，现为皮草行业从业人员。

07

老南京的竹语——弓箭坊

《正德江宁县志》："弓匠坊，在铁作坊西，北通三山街，南通颜料坊。""箭匠坊，在铁作坊东，南接丫头巷，北接望火楼巷。"明代之后，弓匠坊和箭匠坊合并，称"弓箭坊"，一直沿用至今。

寻文化根

弓箭坊位于秦淮区升州路南侧，整体呈南北走向，南起升州路，北至洋珠巷，是古代制造弓箭的作坊聚集地。从高空俯瞰弓箭坊，就像一张古代的弓。这张"弓"，隐藏了旧时老作坊的烟火气，更隐藏了恢宏历史画卷的一隅。

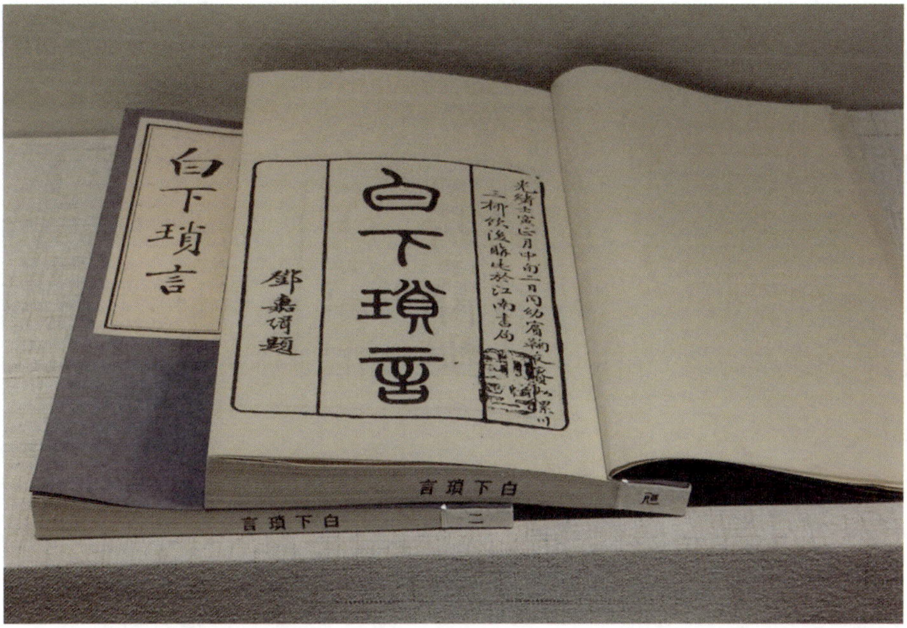

弓箭坊中原有一处胜迹，名为半边塔。甘熙《白下琐言》中记载：“弓匠坊内半边塔，砖砌七级，高一丈有奇，倚墙而立，仅露其半，金身佛像一一具备，朔望香火甚盛，而其地无僧，庵亦非古刹旧迹，前志未载，不知创自何时。”

据《首都志》记载，半边塔于清咸丰时期毁于战火。

三国时期，东吴定都南京，在如今的秦淮一带设立了弓匠坊和箭匠坊。弓和箭是相互依存的武器，两坊也就自然相连，因此合称为弓箭坊。

“习礼之射”在我国已流传了千年。作为“君子六艺”之一，“射”不仅是保家卫国的军事行动，更是修身养性的体育活动，是中华礼学的重要组成部分。孔子说：“君子无所争，必也射乎。”“射礼”讲究的就是心志中正，形体正直，一张一弛，文武之道。“射”艺的蓬勃发展，推动了弓箭制造业的进步，也影响了民众风气。因此，秦淮不仅汇聚了天下文人，还诞生了不少武举人、武进士。明嘉靖年间，秦淮还出过一个名叫尹凤的武状元，这位武状元后来成为一代抗倭名将。

虽然弓箭坊的匠人们在清末民国初，已经渐渐转为制作、销售竹制品，但古街巷里代代相传的弓箭制法，在今天看来依旧充满魅力。在街巷中探古访幽，在甘熙故居的非遗课堂上体验竹刻竹雕工艺，让我们的身心，一同感受那个时代的工匠文化。

探行当门

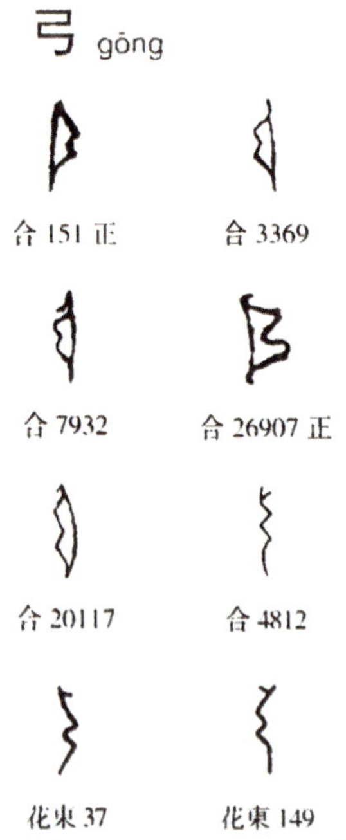

“弓”字的甲骨文

弓箭究竟是谁在什么时候发明的，至今仍没有定论。不过据文字学家们考证，在甲骨文中多次出现“ ”这个象形文字，释义为“弓”字。甲骨文的“弓”字结构，与我们现在看到的实物弓的外形非常相似，由此人们推测弓箭的起源应该与远古人类的狩猎活动有关。远古人类在打猎时，无意中发现具有韧性的木片或竹片会在外力的作用下弯曲变形，当外力消失时这些木片或竹片又会恢复原状，同时释放出巨大的能量。于是，匠人们就将有韧性的木片或竹片压弯，并用绳索拴在两头进行固定。这就是最初的直拉弓的制作方法。这种方法一直流传下来，直到今天，非洲的土著居民还在用这样的方法自制弓箭。

整个冷兵器时代，弓箭一直是杀伤力强大的单兵武器，弓兵也就成为和骑兵一样厉害的特种部队。弓箭的制造流程也越来越规范，制造工艺越来越复杂，为了提升弓兵的战斗威力，必须制造统一规范的弓箭，先秦时期的统治者设立了专门制作弓箭的作坊。也就是从那时候开始，以传统直拉弓为模板的反曲弓出现了。反曲弓的制作过程更加讲究。据《考工记》记载，匠人们在制作弓箭前会先准备六种材料：干、角、筋、胶、丝、漆。干要选择质地坚韧、纹理条顺的木材或竹材；角要选用自然弯曲、耐压性强的牛科动物角；筋要选择精细且耐拉性强的长条筋，筋端的结要大而润泽；胶要选择红色而干燥的，这样的胶黏性更强；漆要选用清澈如水的；丝线要选择光泽鲜明的。准备好六种材料后，匠人们还要经过剖材、水煮、晾晒、涂胶、拉筋、绑筋、上漆、绑丝等多道工序，才能完成一把弓的制作，耗时很久。《列女传》中说，春秋时期，工匠们前后用了三年时间，为晋平公制作了一把可以射穿七层牛皮的弓。

弓箭不仅是保家卫国的武器，也是人们增加生活情致的器具。清乾隆年间的宫廷画师徐扬绘制的《端阳故事图册》中，就将女子端午节射粉团的习俗记录了下来。

习传统技

竹子作为一种常见植物，生长速度快，环境适应性强，相比柘木、桑木等其他制弓材料，价格更加低廉。竹子有韧性、容易反曲、轻盈、不易损耗，处理工艺也比较简单，是一种理想的弓箭制作材料。

正因为如此，弓箭坊一带也遍植翠竹。匠人们在斑斑驳驳的竹影中，用辛勤浇灌了属于自己的热血家园。下面，让我们一起动手制作一把属于自己的弓吧！

技艺材料

材料工具	数量
竹片	粗细各 1 根
弓弦绳	一卷
剪刀	一把

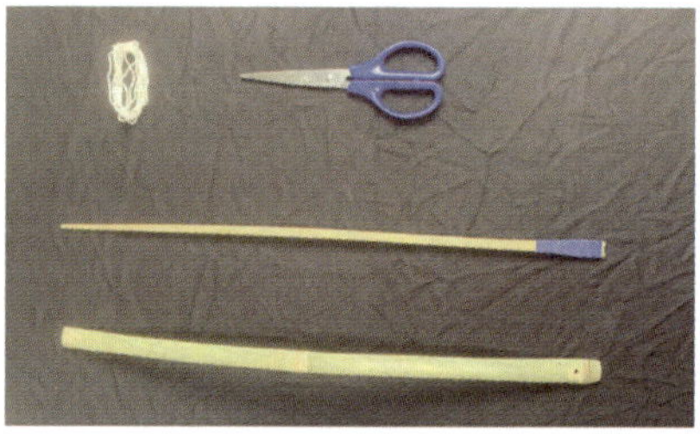

技艺步骤

1. 在粗竹片两端各钻一个小孔。

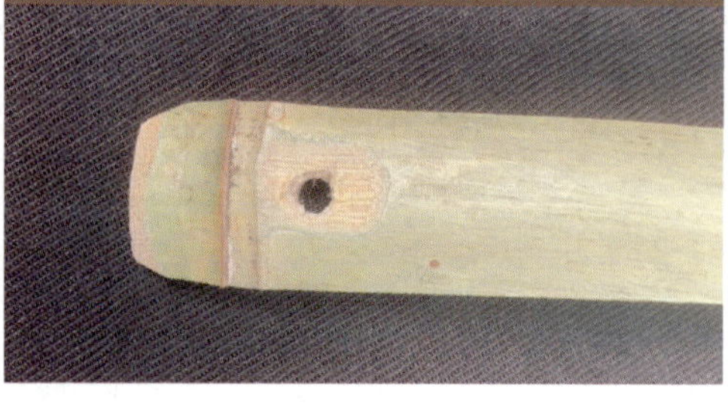

2. 将绳子穿过一端的小孔，打结固定。

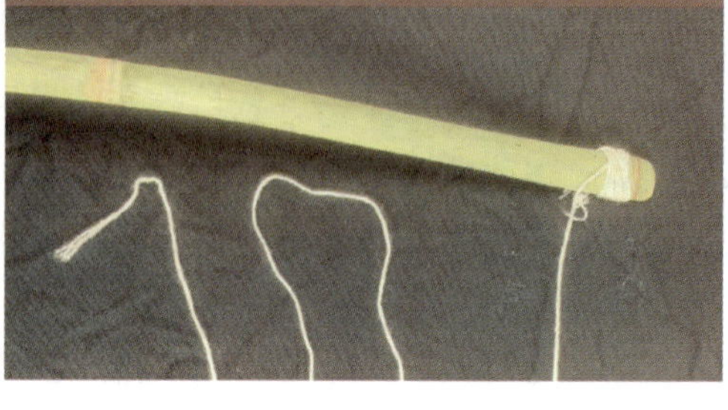

3. 将竹片压出半圆形，再将固定好的绳子连接另一端。弓就做好了。

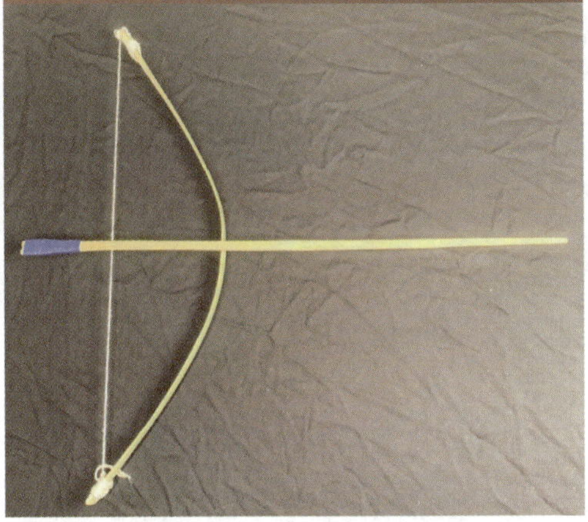

小贴士

1. 竹片要选择具有一定强度和弹性的，不能太嫩或太老。

2. 竹片容易受潮，因此最好选择在晴天制作。

3. 钻孔过程中要注意刀具的使用安全。

岁月流逝，匠人们开始尝试用竹子制作篮子、簸箩、竹筐和各色家具，竹制品也渐渐融入人们的生活。匠人们甚至开始以竹子为原料进行雕刻、绘画，制作成竹工艺品。

思未来梦

最近100年来，随着科学技术水平的提高，诞生了以竞技反曲弓和复合弓为代表的现代弓箭。

竞技反曲弓主要出现在奥运会的射箭赛场上。作为奥运会射箭项目用弓，竞技反曲弓的制作工艺相当考究。弓体安装了可调箭台、张弓指示器和弹性弓翼。而复合弓由于不出现在奥运赛场，所以相应规

竞技反曲弓

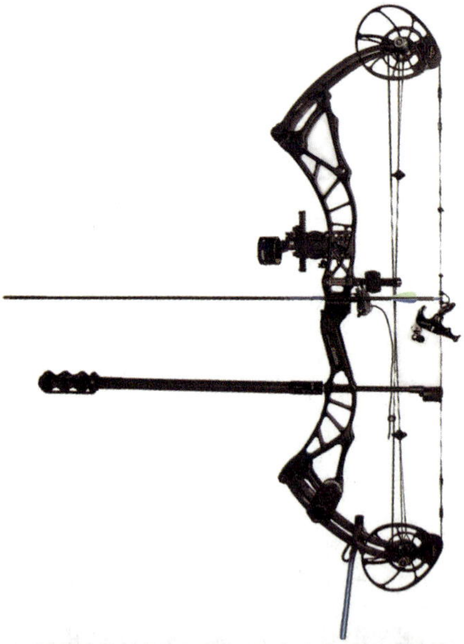

复合弓

定较少，没有器材上的限制，因此辅助装置更多，威力更大，精度更高。复合弓在弓体上安装了水平仪、瞄准放大镜，在上、下弓梢上还各安装了一个滑轮。这两个滑轮使得复合弓在开弓的前半程较费力，但在开弓的后半程及拉开弓后比较省力。最近20年，复合弓技术有了突破性进展，性能甚至超越很多猎枪，成了非常流行的狩猎工具。

这些现代弓由多种材料（如碳纤维、玻璃纤维、铝合金等）组成的复合材料制造而成，具有较高的拉力、射程和精准度，使用的箭也是技术革新后的产物，是用铝合金或碳素石墨制成的，目前的箭速最高可达240千米/小时。

可是，近年来出现了一个有趣的现象，人们又开始对传统的竹制弓箭产生了浓厚的兴趣，使用传统工艺制作弓箭，甚至成了不少小朋友探寻自然的新途径。

拾古今趣

清代遗箭

在南京城墙保护管理中心保存着一套清代的箭，箭杆都是木头做成的。这套箭制作精良，专家推测是清朝皇室贵族的用箭。这些箭的箭头形制各不相同，箭头和箭尾处用动物皮、树皮包裹装饰，还粘接着雕的翎羽作为箭羽，展现了当时弓箭匠人高超的制作技艺。

清《乾隆皇帝一箭双鹿图》（局部）

古诗词中的射艺

林暗草惊风，将军夜引弓。

——卢纶《和张仆射塞下曲（其二）》

车辚辚，马萧萧，行人弓箭各在腰。

——杜甫《兵车行》

会挽雕弓如满月，西北望，射天狼。

——苏轼《江城子·密州出猎》

背手抽金镞，翻身控角弓。万人齐指处，一雁落寒空。

——张祜《观徐州李司空猎》

中国古诗词中有不少弓箭手的形象，有的惶恐不安，有的豪情万丈，有的荣耀加身，从中我们也能窥探到历史的一隅。

08

老南京的叮当——铜作坊

《明代南京城图》即载有铜作坊、铁作坊名。明初，为铁工、铜工作坊聚集场所，南段为铁作坊，北段为铜作坊。后为居民区。1982 年，原铁作坊和铜作坊合并，统称铜作坊。清《同治上江两县志》载：“（铁作坊）尚书倪陋己、都督翁信诸宅，又杜环宅亦丹此。”1992 年，中山南路延伸后消失。

寻文化根

铜作坊位于今天秦淮区升州路南侧的中山南路路口，与洋珠巷、金沙井相通，旁边还有著名的弓箭坊，是明代制铜作坊聚集的地方。

汉代铜器

铜是自然界中极少数不需要冶炼就可以直接使用的天然金属之一，因此在五千多年前的原始社会中，人们就开始加工和使用铜，这也让铜成为人类最早使用的金属。可是自然界中天然的铜太少了，人们为了获得更多的铜，开始了探索之路，最终在烧制陶器的过程中，总结了一套成熟的冶铜方法，这为铜的使用打下了坚实的基础。

随着中国古代铜制品的广泛使用，工匠们也掌握了高超的铸造技艺，制作出了许多精美的铜器。煮饭的鼎、盛放食物的簋、喝酒的壶、演奏音乐的钟、梳妆的镜、作战的刀剑、度量的尺、交易的货币等都是古人生活中常见的铜制品，铜制品在中国古代人民的生活中扮演着越来越重要的角色。然而，中国的铜矿资源并不多，这也导致铜在古代成为仅次于金、银的珍贵金属，人们急需一种更廉价实用的金属替代品。经过多年的技术探索，冶炼工艺更复杂、更坚硬也更容易获得的铁逐渐取代了铜。不过铜制品并没有完全退出历史舞台，其色泽似金、易加工、可塑性强、不易生锈的特性让它有了特殊的文化意义。在宗教、礼仪、军事活动中，人们仍然会使用铜来制作相关器物，许多铜制的生活物品也受到人们喜爱。铜与铁作为人们常用的金属，长期共存，流传至今，成为中国传统文化中不可或缺的一部分。

南京作为历史悠久的古城，一直以来都有专门加工金属的作坊，按照加工材质的不同，这些作坊被分为“银作坊”“铜作坊”和“铁作坊”。到了明代，朱元璋征调全国工匠聚集南京，南京的金属加工行业迅速发展，匠人们也开始聚集在一起。银匠们聚集在今天秦状元巷的南段，铜匠们聚集在今天中山南路的路口，铁匠们聚集在今天金沙井的巷口，于是这些地方就以银作坊、铜作坊、铁作坊为名，成为南京流传百年的老地名。

先秦时期青铜器

先秦时期青铜器

在明代，南京的铜作坊不仅为老百姓打制各种铜壶、铜盆、铜锅、铜炉等日常生活用品，还为朝廷提供火铳、铜炮等军事装备，其位置与弓箭坊相邻，也为军用弓箭的生产提供便利。由于军民两用的特性，直到 20 世纪 30 年代，这里仍有许多铜器店，由此可见铜作坊在老南京人心中的地位有多么重要。1982 年，铁作坊和铜作坊合并成为铜作坊。随着中山南路的拓宽，铜作坊并入中山南路，这一地名也永远消失在历史的长河中了。

探行当门

南京铜作坊的匠人们分为热作和冷作两个工种。

热作也称为浇铸，是从夏商时期流传下来的手艺，一般用于铜制品的重新塑形。匠人们首先会制作模具，模具上会留有几个小孔。接着，匠人们将平时收集的废铜料放入炉子中心的坩埚里，燃起火炉，拉动风箱来提高炉火的温度，直到废铜料熔化成铜水。随后，再将铜水倒入模具中的小孔，待铜水冷却后拆开模具，铜器就基本成形了。

最后，铜匠们用小锤、錾子和锉刀对铜器进行修正打磨，使其光滑明亮，才算制作完成。热作的匠人们在进行熔炼时，炉火的温度常常超过 1000℃，即使在寒冷的冬季，也让人汗流浃背。在如此高温的环境下长时间工作，对身体是一种极大的折磨。此外，他们还要小心倒模时飞溅的铜水，否则会导致很严重的烫伤。尽管如此，铜作坊的匠人们仍然不畏困难，他们用自己的双手和智慧，将铜水熔铸成一件件美丽的器物。

冷作不需要使用炉火熔炼，而是通过捶打，将铜块打制成所需器具的形状，或者使用锤子和錾子在铜制品上雕刻出精美的花纹。相比

铜匠在打制铜器

热作，冷作虽然不危险，但是工艺更加精细，要求匠人们具备高超的技艺和丰富的经验。不论是打制铜器，还是雕刻花纹，都需要进行成千上万次精准的敲击，整个铜作坊每天充满着匠人们“叮叮当当”的忙碌声，每一声“叮当”都在考验着匠人们的专注和耐心。据说当时南京铜作坊最有名的是铜铃，其声音响亮清脆，传播距离远，被广泛用于消防、运输、教育等需要铃声的领域。

此外，匠人们还会使用铜铆钉、铜耙子、铜皮等工具帮助人们修理受损的铜器。无论是漏水的盆还是断把儿的壶，经过铜作坊匠人们“冷热”兼施的修理，又重新焕发了“生机”。

到了现代，物美价廉的塑料制品被广泛使用，再加上工业用铜量的急剧增加，铜制品在日常生活中逐渐被取代，铜作坊也已渐渐淡出了人们的视线，制铜匠人也逐渐减少。

习传统技

在中国古代，人们发现用纸张记录一些重要的、有纪念价值的文书，极易损坏，于是在打制铜制品的过程中，发展出通过捶打薄铜片，使薄铜片呈现浮雕文字的记录方式。于是，中国传统的铜制工艺品——铜书出现了。铜书不仅可以记录文字，还可以镌刻图案、图章等内容，展现出丰富的文化内涵。

今天，让我们一起追寻古代铜匠的足迹，学习铜书的制作技法，运用中国传统工艺，制作一幅铜书，记录重要的、有纪念价值的文字。

技艺材料

材料工具	数量
毛笔	1支
橡胶锤	1把
尖头锤	1把
双面胶	1卷
蚀色液	10毫升
竹压棒	1套
砂纸	1张
画框	1个
薄铜片	1片
文字模具	1个
高温喷火枪	1把
橡胶垫	1块

技艺步骤

1. 将薄铜片放在地上，用高温喷火枪均匀加热铜片，直至铜片完全变色。

2. 用双面胶将退火的薄铜片固定在文字模具上，再用橡胶锤反复捶打薄铜片，直至薄铜片上显现出文字的轮廓。

3. 用竹压棒沿着文字的轮廓轻轻按压，直至文字轮廓清晰。

4. 用尖头锤在没有文字的地方锤满点状纹理，再用毛笔将蚀色液均匀涂抹在纹理上。

5. 整形装框。将带有文字的铜片整平，用双面胶固定在画框内，铜书就制作完成了。

完成的作品。

小贴士

1. 喷枪的温度很高，不能长时间加热铜片的一个地方，小心烫伤。

2. 蚀色液有轻微的腐蚀性，尽量不要接触皮肤，如果接触了皮肤，及时用清水冲洗即可。

3. 蚀色后，可以用砂纸轻轻打磨铜片，砂亮文字。

4. 锤纹时要一锤挨着一锤，有规律地把没有文字的部分锤满，不能留空隙。

思未来梦

人们发现的金属种类越来越多，于是把除了铁以外的其他金属称为有色金属。铜作为最常见的有色金属，以其优良的延展性、可塑性和耐磨性，在现代制造业中得到广泛应用，精密仪器、枪炮子弹、管道设备中都能见到铜的身影；铜还具有良好的导热性，成为制作散热器的主要材料；在电走进千家万户以后，铜还以其极佳的导电性，被大量用于电线电缆、电子电气设备的生产中；此外，可以根据不同需求，生产不同种类的铜合金，进一步扩大了铜的应用范围。随着现代社会用铜量的增加，铜的生产方式也得到了革新和提升，由古代的手工作坊，到现代化冶炼、铸造一体化大规模生产模式，不论是冶炼方法还是铸造工艺都有了很大的飞跃。秦淮区内的江苏省华东有色投资控股有限公司就是享誉国内的集矿藏勘探、开发、加工和销售为一体的大型国有企业。

制铜行业作为国民经济的基础性行业，对国家的工业化和现代化进程也起着重要的支撑作用。随着电子设备和人工智能的发展，在电子元件领域，铜再次成为最重要的关键材料。相信在不久的将来，铜的生产制作方式还将迎来新的发展。

虽然铜作坊在现代社会的地位逐渐边缘化，但传统铜器制作技艺仍然有其独特的魅力和价值。一些铜匠人努力传承和保护传统工艺，以期能够延续古老的铜文化。他们致力于挖掘铜器制作的历史文化内涵，探索传统工艺的创新和发展，为铜器制作注入新的活力和生机。在这个过程中，传统与现代的结合，或许能够为铜器制作带来新的发展机遇，使传统工艺在当代社会得以传承和发扬光大。

拾古今趣

铜在古代的文化意义

在中国古代，铜器不但是重要的生活用品，还在传统文化中扮演着多重角色。

古时铜被视为一种神圣的金属，象征着吉祥，可以保护人们免受灾难和邪恶的侵害。因此，铜器作为礼器，被用于宴会、婚礼、祭祀、

先秦时期青铜器

庆典等重大活动仪式中，代表着尊贵、庄重和祈福。古代贵族和官员常常使用铜器来展示自己的身份和地位，而普通百姓则会请铜匠为孩子打制铜锁、铜项圈、铜筷子，祝愿孩子健康成长、平安顺利。

总的来说，铜在古代生活中具有丰富的文化意义，铜器成为古代社会的重要文化符号，传承着传统文化的精髓和智慧，具有丰富的内涵。

铜坊苑

在南京铜作坊的附近还有一个地方叫铜坊苑。铜坊苑位于上浮桥西北侧，东北至柳叶街，西至仙鹤街，南至双塘路。据说清康熙年间的散文家方苞曾经住在这里，并且修建了一个大花园。方苞虽然出生在江宁府六合县（今南京市六合区），但祖籍

方苞像

在安徽桐城，所以他为这个花园取名为桐芳苑。因为桐芳苑与铜作坊靠得很近，后来就讹传为铜坊苑。铜坊苑也作为南京的老地名一直沿用至今，1995 年拆建为铜坊苑小区。

09

老南京的匠心——木匠坊

民国《首都志》记载："旧有木匠坊、饮酒亭，洪武中立。"

寻文化根

木匠坊，位于秦淮区建康路东段南侧的钓鱼巷内，这里聚集着制作家具的木器作坊。而木匠坊的由来正是与作坊中的木工有着密不可分的联系。

早在远古时期，人们就开始利用木头制造一些物件和建筑了。

7000 多年前的河姆渡遗址中，留有原始人加工木头时留下的一些痕迹。在战国时期，冶金行业的兴起使人们加工木头的工具得到了极大的改进，木匠们的技艺也随之提升。他们可以利用木头打造亭台楼宇，制作家具车辆、碗勺筷子、盆桶门窗等，可谓无所不能。木制用品在人们的生活中扮演着越来越重要的角色，也逐渐成为不可或缺的物品。人们称制作木制品的人为“木匠”。

河姆渡木胎朱漆碗

中国古代社会，由于物质匮乏和生产效率低下，金属、皮革等材质的物品价格昂贵，尽管冶金业、皮具制造业技术日趋精湛、应用广泛，普通人家还是很少使用，即便家中有些金属器物或皮革制品，也一定视若珍宝，百般珍惜。相比之下，古时候的自然资源丰富，人力成本极低，导致木制品价格低廉，更适合普通老百姓使用。因此，木制品成为老百姓的首选。

到了明代，木制品的工艺越来越精细、越来越复杂，特别是木制家具的制作，进入了鼎盛时期。老木匠们开始开设作坊，招收弟子，生产木制品，传授木工技艺。这些作坊通常被称为“木匠坊”，南京的木匠坊也因此得名。

1986 年因改造，木匠坊彻底重建，变成现在的钓鱼巷居民区，“木匠坊”这一地名也渐渐淡出人们的生活，无迹可寻。

在南京，距离木匠坊不远处，还有一个地方叫木匠营，它位于南京市的秦淮区。北起饮虹园，南至马道街。在明代，它是与木匠坊齐名的木匠聚集地。木匠营原来的名字应该叫“木匠工程营”，从名称就可以看出这里的木匠不一般，他们是专门为制造战船而来的，受明朝军队管理。直到明中期以后，他们才逐渐趋于自由，也开始制作民用木制品了。

南京木匠坊中的匠人们，为推动南京手工业的快速发展做出了十分重要的贡献。至今，木匠的技艺仍然被传承和发展，成为一门重要的传统手艺。

探行当门

木匠作为一门传统而又古老的职业，因为匠作范围广，能生产制造的东西种类多，工艺复杂，而被誉为“八大匠”之首，是受尊敬的行业。

木工工具

在古代，木匠的职责主要是利用木材进行建筑、家具、工具、兵器和生活用品的制作。他们通过断、钻、削、凿等技术，将木材加工成各种形状和结构，满足统治者和人民的需求。因此，他们必须具备相当全面的技能。

古建筑中的榫卯结构

传统的木匠会有一些常用的工具，如锯子、斧子、刨子、凿子、锤子、角尺等。这些工具看似简单，其实每一样都有使用的窍门，没有师傅手把手教学，以及长年累月的大量练习是很难掌握的，想要得心应手就更难了。算术，也是古代木匠的必修课。制作任何一件木制品，都要精密计算尺寸，才能开始加工，但凡计算失误，轻则废料误工，重则前功尽弃，赔尽家财。特别中国木制品的构件，为了节约成本多是采用榫卯结构连接的，这对计算和空间思维能力的要求就更高了，因此，老木匠师傅的算术能力都是极好的。雕刻也是木匠必须掌握的一门技能，这需要木匠具备一定的绘画基础，对木材纹理、结构有深入的理解。多样化的技能要求使得一名成熟木匠的成长之路更加漫长，再聪明的学徒，没有三年也很难出师。所以，在中国古代，木匠被视为高级技术人员。

到了现代，虽然科技的进步使得建筑和家具制造更加便捷和高效，但木匠依然存在。他们仍然承担着定制家具、室内装修、修复古建筑等任务，他们中的许多人以精益求精的作风与匠心，传承着传统木匠的技艺和价值，这份古老的坚持与情怀难能可贵。

习传统技

木制用品在生活中是不可或缺的物品。大到橱柜、地板，小到书签、笔筒，都可以在木匠的巧手下制作而成，其中，木梳也是木匠制作的一种常见木制品。木梳的制作过程并不复杂，只需要一些简单的工具和材料，就可以轻松完成。下面就让我们来了解一下木梳的制作流程。

技艺材料

材料工具	数量
木板	1 块
锯子	1 把
锉刀	1 把
砂纸	不同粗细各 1 张
木蜡油	1 盒
美工刀	1 把
抹布	1 块

技艺步骤

1. 绘制梳子的造型图纸，将木板按照图纸进行裁切，切割出梳齿。

2. 使用锉刀对木梳的边缘和梳齿进行修整，使其更加光滑。

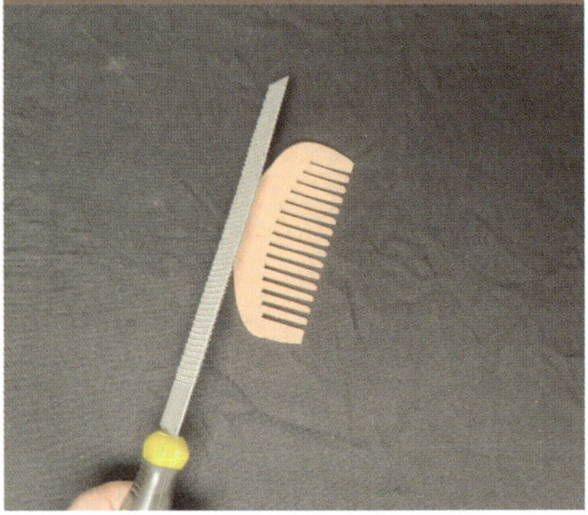

3. 选择自己喜欢的图案或一些装饰物，利用小刀、锉刀等装饰木梳的外形。

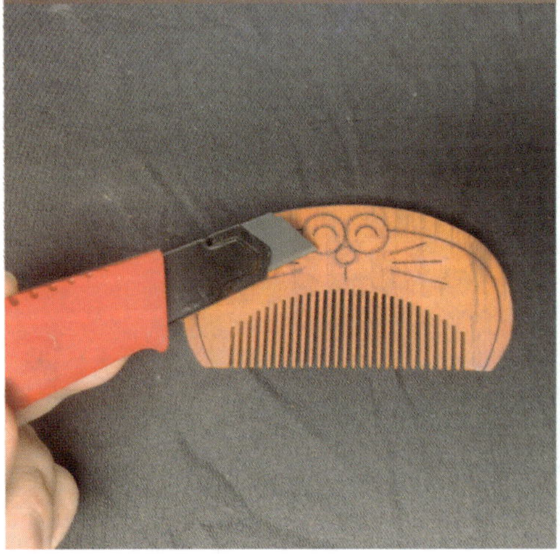

4. 用不同粗细的砂纸打磨木梳，再用木蜡油均匀涂抹木梳表面，增添木梳表面的光泽感。

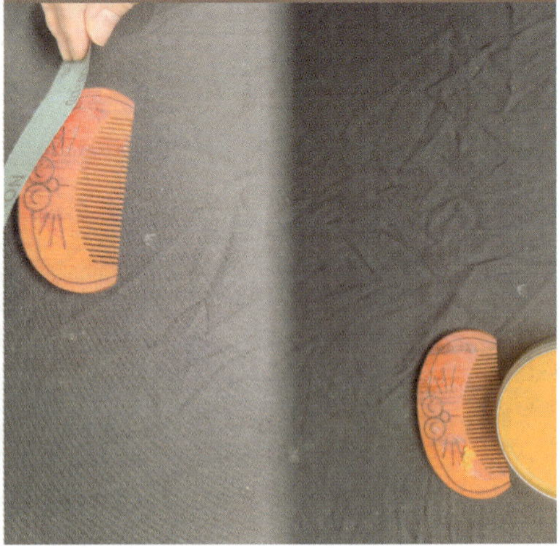

5. 自然风干一段时间后，木梳就完成了。

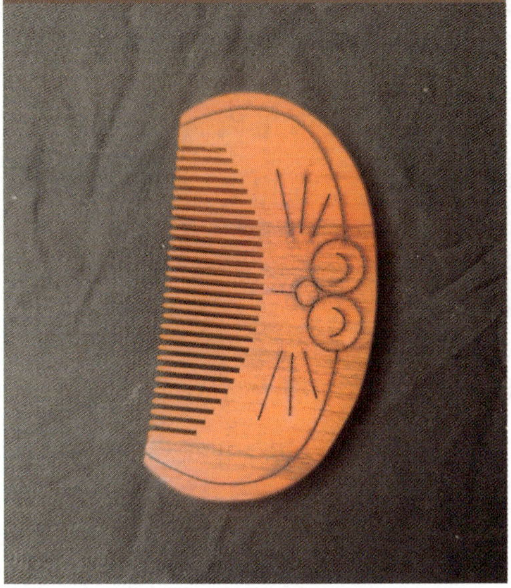

小贴士

制作木梳本身并不难，我们还可以使用一些现代化的工具来帮助制作，如砂光机、圆盘锯等。如果你感兴趣，赶紧动手制作吧。

思未来梦

现如今，木工的生产正向专业化发展，出现了越来越多的专业工具，如专门负责切割的带锯床、激光雕刻机等，专门负责打磨的台式砂光机等。枪钉、螺丝、角码等现代常见的工具也越来越多地参与到木工材料的加工中。

各种木工工具

锯

1348年，世界上最早的制材机械——框锯机在德国出现；1777年，荷兰人发明了圆锯机；1808年，英国开始了带锯机的使用。1901年，我国才开始使用机械制材。这些机械与传统的工具相比，都是用电动机或其他一些动力取代了大量的人力操作。这是木工工艺技术的巨大进步，它代表人类的木材加工能力和木材利用率方面都有了很大提升。

当然，如果只是单一的设备输出很难满足大量的生产生活需要，将每一个环节和功能连接在一起，相互协作、高效的整体系统也将是未来木工制作的主流。

老家具

此外，随着信息技术与制造业的深度融合，更加智能化的制造方式也会是木工机械发展的大趋势。各类生产领域的智能化、无人化，也一定会走上木工制造的大舞台。

在技术赋能下，工业发展加速迭代。智能化的制造方式使得工业生产效率不断提高。然而你发现了吗？即使有物美价廉的机器生产品，仍有很多人需要手工制品，这是什么原因呢？不管是木工中的雕刻技术，还是打磨技术，每一个细节都倾注了木匠们大量的心血。再智能的机器，也会留下机械化的痕迹。而用传统工艺制作出的物件都有着一种特别的“韵味”，这大概就是传统手工艺品的珍贵之处吧。

拾古今趣

沈万三与箍桶巷

箍桶匠雕像

箍桶是一种将木板箍成圆桶的工艺。它需要箍桶匠人凭借丰富的经验和精湛的技艺，经过复杂的工序，将一块块木板拼接成一个不漏水的圆形木桶，再在外面箍上铜圈，以防止木板裂开。这一技艺需要箍桶匠们耐心细致的操作，以确保木桶的质量和密封性。

据说明代富商沈万三就住在木匠营的旁边，他家里的箍桶匠手艺十分精湛，许多人慕名而来和他们学手艺。久而久之，这些来学艺的人就在这里定居生活，来这里找箍桶匠干活的人也越来越多，于是人们也就习惯把这条巷子叫作箍桶巷。而箍桶匠在箍桶过程中所用的木料，几乎都是由住在木匠营的木匠师傅进行加工的。

木拱廊桥

木拱廊桥是一种神奇的桥梁。它通过使用梁木穿插、别压，以此作为桥的主要结构。整个桥体支撑于岸边的岩石，底座由多根大型圆木拼接成“八”字形结构。整个桥梁不使用钉铆，没有桥墩，完全靠梁木自身的强度以及梁木之间的摩擦力等支撑，并进行巧妙地搭接。整个桥体结构看似简单，却十分坚固。北宋名画《清明上河图》中的那座桥梁就是这种木拱廊桥。

传统建筑的珍贵遗产——斗拱

在中国建筑史上，有一种特殊构件。它一般出现在古代房屋的横梁和立柱的连接处，可以增大屋檐距离、美化装饰房屋，并且在房屋结构中起着承上启下的作用。一般来说，枋上加的探出成弓形的结构叫拱，拱与拱之间垫的方形木块叫斗，合称斗拱。

在中国古代，斗拱被广泛运用于宫殿、寺庙、园林等各类建筑中，成为中国传统建筑的重要组成部分。它不仅展示了木匠们高超的技艺和智慧，也体现了中国古代建筑工艺的精华和独特之处。因此，斗拱在中国建筑史上具有十分重要的地位，也一直被人们视为传统建筑的珍贵遗产。

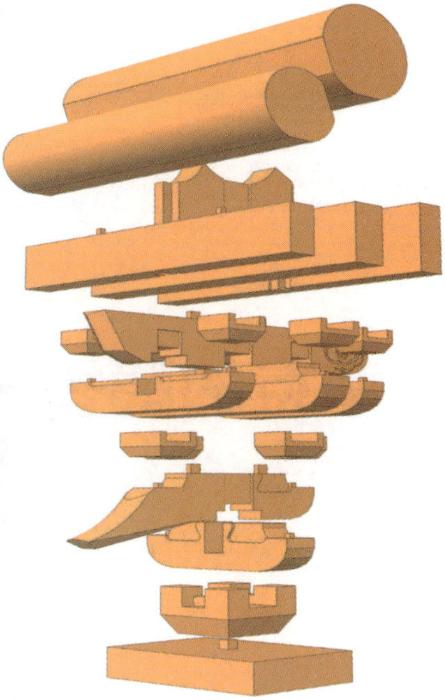

斗拱示意图

10

老南京的醇香——大油坊巷

《同治上江两县志》："大油坊巷，袁志油坊巷，一名德庆巷。"

寻文化根

大油坊巷位于南京秦淮区长乐路武定桥的东边，是南京老城南一条历史悠久的街巷，与糟坊、玉壶坊并称为"秦淮三坊"。据考证，明代这里就叫油坊巷了，到了清代，因为巷子的东侧有一条通往小西湖的支巷，叫小油坊巷，所以原来的油坊巷更名为大油坊巷，一直沿用至今。

油就是脂肪，它既是我们人体的重要组成成分，也是维持人体健康必需的营养元素之一。俗话说“开门七件事，柴米油盐酱醋茶”，可见古代的人们就已经意识到了油的重要性，将其列为家庭中的必备物品之一。

中国先民早在原始社会就开始利用动物脂肪制取动物油，还学会了使用动物油来烹饪食物。商周时期的古人虽然学会了从麻子、苏子等植物的种子里面提炼植物油，但是这些植物种子的出油率极低，所以那时候的人们还是以食用动物油为主。直到汉代开辟了丝绸之路，张骞出使西域引进了芝麻这一新农作物以后，植物油迅速成为中国人的主要食用油。芝麻不但出油率极高，而且香味浓郁，价格低廉，普通老百姓也能吃得起。所以从西汉到明代的这一千多年里，中国人大部分都是以芝麻油作为主要食用油，又因为芝麻油清香味美，人们亲切地称它为“香油”。在这期间人们也会用油菜籽、胡麻、黄豆、茶籽等植物种子榨取植物油，由于这些植物种子的出油率都低于芝麻，所以都不是主要的食用植物油。

明清以后，随着油菜籽产量的提升、榨取工艺的进步，芝麻被拉下了“油料之王”的宝座，菜籽油、大豆油、花生油等植物油成为人们的主要食用油。

卖油郎

中国古代都是采用纯手工生产的方式榨取植物油，一次用于榨油的植物原料越多，榨油的方法越专业，出油率就越高，榨油的成本也越低。同时，使用不同的植物原料，榨出来油的风味也有很大区别，于是专门榨取植物油的油坊逐渐兴起。宋代我国已有专门从事生产、贩卖商品油的“油坊”“油铺”，明清时期的油坊更是得到快速发展，在从业人数、生产规模上远超前代。

南京大油坊巷也是以生产售卖植物油而得名的。明代时，这里有王姓油坊行、吕姓鞭炮行、马姓香烛行、陈姓茶叶行四大商行，据说当时王姓油坊行的规模最大，生产的油闻名城南一带，人们都爱到这里购买食用油，因此这条小巷就以“油坊”为名了。

如今南京大油坊巷里的油坊早已消失不在，可丝毫没有影响这里的百姓日常，早餐摊、修车铺、理发店样样都带着“金陵腔”。晨曦或日落，躺卧摇椅的悠闲“老城南”，热油吱吱作响的烙饼铺子，让人仿佛穿越时光，再次置身于充满浓浓醇香的明代油坊巷。

探行当门

在中国古代主要采用压榨法制油。人们先将芝麻、油菜籽等准备制油的原材料放在锅中炒制，去除多余的水分；再用石磨把原材料磨

油坊生产场景

成细细黏黏的粉末，放在木甑子里面蒸煮；然后将这些经过蒸煮的油料粉末用稻草紧紧包裹、压实，制成油饼。这时，如果直接在油饼上放置重物，利用重力将油挤出，就称为“压油法”，这种方法出油率低，时间长，但是简单方便，一般都是农民自己种植油料作物，自己制油所采用的方法。油坊作为专业生产植物油的作坊，会采用更高效的“榨油法”。油坊里有一根整木凿成的油槽，工匠们将油饼整齐地放入油槽，装上木楔，用木楔死死地顶住油饼，随后，使出浑身力气拉动悬挂在空中的撞杆，让撞杆撞击到油槽的挤压桩上，清油就在这一次次的撞击挤榨中被慢慢挤出，从油槽中间的小口流出。因此，人们又把油坊里的榨油匠叫“打油匠”。这种榨油的方式虽然设备简单，工艺技术不复杂，出油率高，但是需要匠人们反复用力撞击榨压油料，才能获得足够的油量。长时间的站立劳动，一次次拼尽全力的撞击，对榨油匠人的身体素质是一个巨大的挑战，他们不但需要坚强的毅力，还需要强健的体魄，才能坚持完成这项繁重的工作，因此榨油匠人大多肌肉发达、臂力惊人。

榨油匠人日复一日地在油坊里辛勤劳作，按时按量完成每天的工作任务，为古代社会的油料生产和老百姓的生活提供了重要支持。

俗话说“春雨贵如油”，不仅强调了春雨的珍贵，也折射出油在古人的生活中属于高级食材。明代，油虽然已经进入了普通百姓家庭，但是用油来烹饪食物往往代表着一种奢侈的生活方式，并不是每个家庭，每天都能随时使用油来烹饪食物的。普通老百姓如此，油坊里天天与油为伴的榨油匠人们更是如此，他们以榨油为生，却很少吃到用油烹饪的菜肴。

习传统技

随着时代的变迁，榨油方法逐渐从人力转向了机械化生产，这是历史发展的必然趋势。但是传统的榨油技艺深深植根于这片沃土中，经历了漫长的岁月，是十分珍贵的历史遗产。接下来，我们就来制作一碗古法香油吧。

技艺材料

材料工具	数量
瓷碗	2个
石磨	1台
勺子	1个
玻璃碗	1个
芝麻	1千克

技艺步骤

1. 芝麻洗净后沥干水分，小火炒至两面金黄后放凉。

2. 将炒过的芝麻用石磨加工成芝麻酱。

3. 往芝麻酱中倒入开水，开水的量约为芝麻酱的 80%，边倒边搅拌，等到水里的油浮出，再用勺子不停地拍打。

4. 待油析出后，用勺子盛出，放入玻璃碗中。

思未来梦

油料木榨技艺可以榨花生、芝麻、油菜籽、茶籽等各种油料，每一道工序均靠人工完成，往往三到四个人工作一天一夜才能榨百来斤油，效率很低。新中国成立之后，随着机械化榨油技术的普及和不断创新，中国完成了从传统古法榨油到现代机器榨油的转变，食用油的产量也得以大大提升，木制榨油机被全面取代，逐渐退出历史舞台。

现代制油厂里的制油工人们再也不用耗费体力，用撞击油槽的方式来榨油了。在工业化高度发达的今天，工人们只要将油料放入机器中，机器就能自动完成制油的全过程，生产效率有了极大的提高。

现代榨油的原料品种也越来越多，玉米、棕榈果、葵瓜子都成为榨油的原料，还能根据不同原料的特点和需求来选择不同的工艺，生产出种类丰富的食用油。通过对油料成分的科学配比，现代食用油不仅保留了原料的营养成分，还具有更好的口感和稳定性，我们现在每

油饼

现代机器榨油

天都能享受到用食用油烹饪出的美味食物，可以说在现代，食用油才真正走进了千家万户。

今天，在南京的菜场还经常能看到有人在用手工榨油（以小磨芝麻油为主），人们为什么还在继续沿用手工榨油？在一个追求科技化、高效率的年代，许多传统的手工技艺正在逐渐消失。然而，随着生活条件的改善和人们饮食理念的进步，传统食品制作技艺因其用料真、工艺纯、味道正再度引起人们的热捧，油坊的手工榨油就以其醇香、厚实的口感而深得人心。

拾古今趣

古法榨油的前世今生

传统榨油方法已有很久的历史，关于榨油最早的书面记载来自元代的《东鲁王氏农书》，而明代的《天工开物》详细记载了榨油的画面，展现了古法榨油的细节。

古法榨油的工具和油饼

现代榨油机榨的油，温度高，油已经熟了，而古法榨油，只是进行物理挤压，油还是生的，保住了原汁原味。在以前，人们都要学会一门手艺安身立命，古法榨油就是其中的一种。如今，对于榨油坊的工人们来说，古法榨油更是传承传统技艺的形式。

古法榨油虽然从效率来说比不上机器榨油，但也有着不可替代的地位。看到金黄的油从榨油床流淌进容器里，那种感觉是幸福的，它不只是更香，还比机器榨油多了一些人情味，多了中华优秀传统文化的韵味与传承，让人们记住了乡愁，找到了童年的乐土、诗和远方……

古法榨油过程